ちくま新書

# マーケティングに強くなる

恩蔵直人
Onzo Naoto



1231

マーケティングに強くなる【目次】

## 第2章 顧客の顧客と手を結ぶ

## 第4章 ホワイトスペース戦略

第5章　戦略再考

## 第6章 デザイン要素とマーケティング 189

# はじめに　マーケティング発想力を高めよ！

２０１５年の夏、アメリカのシカゴで開催された「サマー・マーケティング・エデュケーターズ・カンファレンス」に参加した。アメリカ・マーケティング協会（ＡＭＡ）が研究者を対象に開催する国際研究大会の一つである。大会趣意書によると、ＡＭＡの前身となる広告研究者やマーケティング研究者の集いが１９１５年にシカゴで行われ、以来、毎年夏にアメリカ各地で開催されてきており、百年を経て再びシカゴに戻ってきたとある。シカゴにおける２０１５年の大会は、ＡＭＡにとって大きな節目としての意義があったようである。大会の統一テーマは、「マーケティング・インサイトによるビジネス・プラクティスの改善」である。私たちは「自動車産業におけるデザインと製品開発」というタイトルで、この数年間に取り組んできた共同研究の成果について発表した。

国際的な研究大会に参加すると、思わぬ出会いや発見がある。20年以上も前から親しくしており、共同研究者の一人でもあるアメリカ人がいる。彼とはサンディエゴで開催されたAMAのランチ・ミーティングで、たまたま席が隣になったというのがキッカケである。すでに共同論文を執筆していて、何度もメールでのやり取りはしていたが、初めて出会ったのが海外での研究大会ということもあった。在外研究期間を取り、アメリカで研究生活を送っていた時、ミネアポリスで開催されたAMAの大会に出席し、同時期に在外研究期間をとっていた日本人研究者とばったり出会ったこともある。今回の大会では、韓国の親友と偶然出会い、トップ・ジャーナルで多数の論文を発表している著名な研究者を紹介してもらった。

インターネット環境などの発達により、あらゆる種類の情報を国内で容易に取得できるようになっているが、やはり現場に足を踏み入れてみることは重要である。Amazonやアップルの iTunes などを通じて、安価でしかも手軽に楽曲を入手できるようになっている一方で、ライブの人気は以前よりも高まっているようである。臨場感や迫力といった、単に楽曲を聞くだけでは得られない現場での経験価値がライブ会場にはある。私たちが国際的な研究大会へ参加するのは、同じような現場での価値を得られるからである。驚き、感動、経験、そして何よりも人的なネットワークなど、現場に足を運んでみて初めて得られるものは少なくない。

### †輝きを失った日本ブランド

研究大会への参加者の所属機関をみると、やはり地元だけあってアメリカ国内が多い。もちろん、カナダ、ヨーロッパ、アジアからの参加者も少なくない。残念な点は、日本の大学に籍を置く研究者の少なさである。今回の大会では、私たちのチーム以外に日本からの参加者は見当たらなかった。中国、韓国、シンガポールなどのアジア人と思われる研究者はかなり目に付くのに対して、日本人研究者の存在感の薄さは否定できない。私がアメリカで在外研究をしていた20年ほど前、日本人研究者は決して多くはなかったが、今日よりも国際的な研究大会に積極的に参加しており、存在感もあったように思う。しかも、海外の研究者が日本人研究者に対して、遥かに強い関心を持ってくれていたことは確かである。

私が日本人であることが分かると、日本の流通チャネルについて質問をしたり、ソニーやトヨタなど世界の舞台へ躍り出ていた日本企業に対する意見を求めてきたりした。ほぼ同時期に在外研究をしていた知人は、アメリカの研究者から頻繁にランチに誘われ、日本のビジネスに関して彼らとさまざまな意見交換をしたと語っている。経済成長という優位性により、世界の目は間違いなく日本の企業や日本のマーケティングに向けられていた。急速に経済大国へと駆け上がった当時の日本は、礼賛と脅威とともに世界の関心を集めていたのだ。

ところが今日、世界の目は日本ではなく、同じアジアであっても中国、インド、そしてインドネシアなどの国に向けられている。我々が国際比較研究を進める場合でも、日本とアメリカの比較より、中国とアメリカの比較の方が強い興味を抱いてもらいやすく、論文での採択においても有利に働くようである。世界の舞台において、日本というブランドはかつての輝きを明らかに失いつつある。

## †デザイン発想がマーケティングを強くする

日本が世界の舞台において相対的なポジションを低下させているという現実は、別の視点からも確認することができる。スイスのローザンヌに本拠地を置くビジネススクール、ＩＭＤによる国際競争力のランキングに注目してみよう。このランキングは世界各国と一部の地域を対象としており、毎年春に発表される。直近となる2016年では61の国と地域がランキングされており、日本は第26位。経済（Economic Performance）、政府（Government Efficiency）、ビジネス（Business Efficiency）、インフラ（Infrastructure）という指標によって総合的に評価されるので、単に経済大国が上位に位置するというわけではない。

2015年の発表によると、第1位はアメリカ、第2位は香港、第3位はシンガポール、第4位はスイス、第5位はカナダ、第6位はルクセンブルグ、第7位はノルウェーと続く。アジアでは、台湾が第11位、マレーシアが第14位、中国が第22位、韓国が第25位、そして日本は第27位になっている。現在における日本の状況を考えると、第27位という数字は素直に受け入れざるを得ないかもしれない。しかし1990年の時点では、日本は第1位に位置しており、世界の中で最も輝いていた。図表は各国のランキングの変化を5年刻みで示したものである。失われた10年などと指摘されてきた1990年代後半から、日本の順位が急速に後退してきていることがよくわかる。

名目GDPの世界シェアの推移をみても、明らかに日本の地位は後退している。IMFのデータによると、1995年には17・8％であったシェアが2000年には14・6％、2005年には10・1％、2010年には8.4％になり、さらに2015年には5.6％まで低下しているからだ。日本が最も大きな影響力を有していた時点では、世界の2割弱の経済を握っていたが、直近では5％程度にまで落ち込んでいる。ＯＥＣＤの予測によると、この値は２０６０年には3.2％まで低下するという。

私が新書の執筆に踏み切り、本書のテーマを決めるに至った点はここにある。低迷しつつある日本に、再び世界の舞台で輝きを取り戻してほしい。そのためには、人口問題やインフラの整備など、取り組むべきさまざまな課題がある。そうしたなか、マーケティング研究者である私がもっとも関われるとすれば、日本企業に対する応援である。ネスレ日本の高岡浩三社長から、「日本は経済において先進国であるが、マーケティングにおいては後進国である」という発言を伺ったことがある。日本のマーケティングが遅れているというのであれば、逆に、大きな伸びしろが残っていることになる。多くの日本企業がそして日本の実務家が、マーケティングの潜在力を理解し、マーケティング力を強めることができたならば、世界における日本の前進に必ずや結びつくはずである。

本書の第6章では「デザイン要素とマーケティング」について述べているが、日本のマーケティングは実務面においても研究面においても、明らかにデザインという視点で出遅れている。我が国のマーケティングにデザイン発想が浸透し、マーケティングに携わる

| | 1990 | 1995 | 2000 | 2005 | 2010 | 2015 |
|---|---|---|---|---|---|---|
| 1 | 日本 | アメリカ | アメリカ | アメリカ | シンガポール | アメリカ |
| 2 | スイス | シンガポール | シンガポール | 香港 | 香港 | 香港 |
| 3 | アメリカ | 香港 | ルクセンブルグ | シンガポール | アメリカ | シンガポール |
| 4 | ドイツ | 日本 | オランダ | アイスランド | スイス | スイス |
| 5 | カナダ | スイス | アイルランド | カナダ | オーストラリア | カナダ |
| 6 | スウェーデン | ドイツ | フィンランド | フィンランド | スウェーデン | ルクセンブルグ |
| 7 | フィンランド | オランダ | スイス | デンマーク | カナダ | ノルウェー |
| 8 | デンマーク | ニュージーランド | カナダ | スイス | 台湾 | デンマーク |
| 9 | ノルウェー | デンマーク | 香港 | オーストラリア | ノルウェー | スウェーデン |
| 10 | オランダ | ノルウェー | アイスランド | ルクセンブルグ | マレーシア | ドイツ |
| 11 | オーストラリア | 台湾 | オーストラリア | 台湾 | ルクセンブルグ | 台湾 |
| 12 | イギリス | カナダ | デンマーク | アイルランド | オランダ | UAE |
| 13 | オーストリア | オーストリア | ドイツ | オランダ | デンマーク | カタール |
| 14 | フランス | オーストラリア | スウェーデン | スウェーデン | オーストリア | マレーシア |
| 15 | ベルギー | スウェーデン | イギリス | ノルウェー | カタール | オランダ |
| 16 | アイルランド | フィンランド | ノルウェー | ニュージーランド | ドイツ | アイルランド |
| 17 | ニュージーランド | フランス | 台湾 | オーストリア | イスラエル | ニュージーランド |
| 18 | イタリア | イギリス | オーストリア | ババリア | 中国 | オーストラリア |
| 19 | スペイン | ベルギー | ベルギー | チリ | フィンランド | イギリス |
| 20 | ポルトガル | チリ | ニュージーランド | 中国（浙江省） | ニュージーランド | フィンランド |
| 21 | トルコ | マレーシア | 日本 | 日本 | アイルランド | イスラエル |
| 22 | ギリシャ | アイルランド | フランス | イギリス | イギリス | 中国 |
| 23 | ハンガリー | イスラエル | イスラエル | ドイツ | 韓国 | ベルギー |
| 24 | | 韓国 | 中国 | ベルギー | フランス | アイスランド |
| 25 | | アイスランド | スペイン | タイ | ベルギー | 韓国 |
| 26 | | タイ | マレーシア | マレーシア | タイ | オーストリア |
| 27 | | エジプト | ハンガリー | 韓国 | 日本 | 日本 |
| 28 | | スペイン | ポルトガル | フランス | チリ | リトアニア |
| 29 | | アルゼンチン | 韓国 | 中国 | チェコ | タイ |
| 30 | | イタリア | チリ | チェコ | アイスランド | チェコ |

出典）ＩＭＤ（International Institute of Management Development）発行のデータをもとに作成

2000年以降のデータ：IMD World Competitiveness Online ＜http://www.imd.org/wcc/news-wcy-ranking/＞

1995年以前のデータ：The World Competitiveness Report 1995, 1990

**図表１**　IMDの世界ランキング

人々にもっと検討してもらえたならば、製品開発や店舗開発はもちろんのこと、ビジネス展開においても大きくレベルアップするはずである。こうした思いは、本書の随所に込められている。

### 本書の構成

本書は6つの章で構成されている。第1章「マーケティングの進化」では、マーケティングの発展過程をフィリップ・コトラー教授の著書『マーケティング・マネジメント』を通じて考察した。版を重ねるごとに改定される同書の章立てに注目し、近代マーケティングのいくつかの大きな転機を浮き彫りにした。1967年の初版以来、常に同書にはマーケティングの実務と理論における最新の動きが盛り込まれてきており、マーケティングを学び理解する上でのバイブル的存在となっている。第1章の後半では、マーケティングの新しいステージである3.0の枠組みについて考察している。

第2章は「顧客の顧客と手を結ぶ」について論じられている。今日のマーケティングでは、顧客のさらにその先に位置する顧客にまで目を向ける必要性がある。自社にとっての直接的な取引相手となる顧客に目を向け、彼らのニーズを的確に把握することは、マーケティングを遂行する上で不可欠である。しかし幾つかのビジネスでは、さらにもう一歩先に進み、顧客の顧客と直接的な接点を持たなければならない。顧客の顧客と接点を有することでもたらされる3つのメリットについて整理したうえで、実際に優れた成果を上げている企業について考察している。

第3章「市場志向と開発チーム」では、まず市場志向という考え方について、顧客主導との対比によって整理した。その上で、市場志向と新製品パフォーマンスとの関係が論じられている。さらに、新製品開発チームの特徴が3つの組織変数とともに論じられている。章の後半では、スバル「インプレッサ」の開発リーダーを二度にわたり務めた人物にインタビューを実施し、どのように開発チームに市場志向を取り入れ、製品開発プロセスを革新できたのかについて考察した。

第4章は「ホワイトスペース戦略」である。企業の成長の方向性つまりベクトルを論じる場合、伝統的に製品市場マトリクスが用いられてきた。ところが、ビジネスモデルという新しい視点がクローズアップされるようになり、製品市場マトリクスでは今日の企業の成長の方向性を適切に説明できなくなっている。そこで、従来の枠組みの限界を補うことのできるホワイトスペース戦略に注目した。しかも本書においては、アナザースペースという新しい視点を追加し、今日における企業の成長の方向性を適切に説明できる枠組みとしている。ホワイトスペースの枠組みを用いると、iPod の成功が単なる新製品開発によるものではないことを明確に説明できる。

第5章は「戦略再考」である。リチャード・P・ルメルト教授によると、多くの戦略は悪い戦略であるという。彼のいう悪い戦略についての考察を進めながら、良い戦略の構築ステップについて整理している。具体的には、「診断」、「基本方針の打ち出し」、「行動の明示」である。その上で、クラブツーリズムや横浜DeNAベイスターズなど、良い戦略を実践していると考えられる企業へのヒアリング結果などに基づき、良い戦略には何が必要なのかについて論じている。

第6章「デザイン要素とマーケティング」では、マーケティングにおけるデザインの捉え方について検討している。また、共同研究者とともに実施してきた世界の有力自動車メーカーへのヒアリング結果をもとに、製品開発において考慮すべきデザインの次元を導出している。それらは、8つのデザイン要素として整理することができる。章の後半では、西川産業の Air といった製品に注目し、デザインによってもたらされるベネフィットについての考察を試みている。

第1章

# マーケティングの進化

## †めざましい進化を遂げるマーケティング

私がマーケティング研究の世界とかかわりを持つようになってからすでに三十数年が過ぎている。この間、マーケティングは目覚ましい進化を遂げてきた。私が学生時代に学んだマーケティングと今日のマーケティングとでは、学問としての名称こそ同一であっても、実態には著しい違いがある。旅客機で例えるならば、次のようになるだろう。学生時代に学んだマーケティングはプロペラ機であり、今日のマーケティングは最先端のジェット機である、と。推進力を用いて空を飛ぶという点では同じだが、性能面においてもスケール面においても、両者には比較にならない違いがある。白黒のテレビと4Kの高画質テレビに例えてもよいだろう。この数十年間において、マーケティングはそれくらい大きな進化を遂げているのだ。

学会での発表や研究論文の水準も飛躍的に高度化してきた。私が若い時に学んだ理論や枠組みの幾つかは、新しいものにとって代わられていたり、新しいもので補強されていたりする。第4章で取り上げたホワイトスペース戦略の枠組みは、アンゾフの成長ベクトルの枠組みを補強するものとして位置づけることができるだろう。統計上の処理も進化しており、測定尺度の信頼性を確認する場合、かつては相関係数に基づいたクロンバックのα係数を確認すればよかった。ところが今日では、因子負荷量に基づいたコンポジットリライアビリティと呼ばれる数値も確認しなければならない。

複数の調査項目の背後には、いくつかの潜在因子が存在している場合が多い。そのような場合、因子分析という統計手法が用いられる。この点は今も昔も変わらないが、若手研究者数名との研究会で因子分析について検討するとき、議論がかみ合わないことがあった。私がこの手法を学んだころ、主因子法でバリマックス回転という手続きをとることが一般的であったため、私は導出される軸が相互独立であるという前提で話をしていた。軸を回転させる場合、かつては直交回転であるバリマックス法が最も支持されていたからである。ところが今日では、直交回転ではなく斜交回転が支持されるようになっており、最尤法《さいゆうほう》でプロマックス回転を用いる傾向にある。若手研究者たちは軸が相互独立であるという前提に立っていなかったのである。

もちろん他の研究領域と同様に内的な進化だけでなく、心理学や経済学などといった隣接学問分野からさまざまな情報が流れ込み、マーケティング研究者の姿勢や意識は大きく変化している。例えば、行動経済学で明らかにされているさまざまな知見は、マーケティングにおける主要課題である消費者行動研究に多大な影響を与えている。プロスペクト理論やフレーミング理論などの援用は、今日の消費者行動を考察する上で無視することができなくなっている。

フィリップ・コトラー教授は、自伝をまとめた『マーケティングと共に』のなかで、「実は行動経済学というのは、マーケティングの別称にすぎない。マーケティングは過去100年にわたり、経済学とその実践に基づく新たな知識を生み出し、経済システムが機能する仕組みに関する私たちの理解を深めるのに役立ってきた」と述べている（Kotler 2013）。

実際、マーケティング研究者の中には、経済学や心理学などを研究上の基盤とする者も増えており、彼らは新しい視点から優れた研究成果を発表している。そしてコトラー教授は、「もっと多くの経済学者がマーケティング理論の発展やその実践に目を向けるようになれば、新たな理論や発見が生まれ、経済学全体が豊かになり、それがより良き社会の構築に役立つことだろう」と指摘している。

## 1　時代を映す『マーケティング・マネジメント』の改訂

私たちが学んできた近代マーケティングは、第二次世界大戦が終結し、一気に経済や産業が花開いた1950年代から1960年代にかけて体系化されている。マーケティングの入門テキストで最初に学ぶマーケティング・ミックスやセグメンテーション、ターゲティング、ポジショニングなどの枠組みはその時代に整理された。そうした近代マーケティングの体系化に最も尽力した一人が、今日「近代マーケティングの父」と呼ばれているフィリップ・コトラー教授である。

近代マーケティングの進化を探る方法はいくつかある。コトラー教授をはじめとして、ウィリアム・レイザー教授、セオドア・レビット教授、ケビン・レーン・ケラー教授など、代表的なマーケティング研究者に注目して先人たちの足跡をたどってみてもよいだろうし、『*Journal of Marketing*』『*Journal of Marketing Research*』のようなトップ・ジャーナルの掲載論文を総ざらいして、研究の推移を辿ってみてもよいだろう。もちろん、マーケティング史やマーケティング発展の研究に取り組んでいる研究者の著作を参考にするという方法もある。

ここでは、大局的な進化を把握することに主眼を置いているため、世界で最も広く知られているマーケティングのテキストであるコトラー教授による『マーケティング・マネジメント』（*Marketing Management*）に注目して、その内容の変化からマーケティングの進化を辿ってみた。

『マーケティング・マネジメント』はコトラー教授によって1967年に初版が発表されて以来、2016年時点で第15版にまで達し、マーケティングのバイブル的存在になっている。この間、章の構成は大きく変化してきており、版を重ねるたびに新しい研究成果が盛り込まれ、マーケティング研究の発展を反映するとともに、変化の激しい実務界からの期待に応えてきた。もちろん初版以来、我が国でも数回にわたって翻訳されており、多くの読者から強い支持と高い評価を得ている。

1996年12月9日号の『フィナンシャル・タイムズ』誌による「史上最高のビジネス書50冊」では、ゲイリー・ハメル、C・K・プラハラードの『コア・コンピタンス経営（1994）』、マイケル・ポーターの『競争の戦略（1980）』、アルフレッド・チャンドラーの

『組織は戦略に従う（1962）』、ピーター・ドラッカーの『ザ・プラクティス・オブ・マネジメント（1956）』、ヘンリー・フォードの『マイライフ・アンド・ワーク（1923）』、アダム・スミスの『国富論（1776）』、孫武の『孫子（紀元前5世紀）』などとともに選ばれている。

『マーケティング・マネジメント』の初版（1967年）は、23の章で構成されている（図表2）。初版の時点で「市場とマーケティング環境」「市場細分化」「購買行動」「製品政策の決定」「価格の決定」「チャネルの決定」「広告の決定」などマーケティングにおける4つのPなどが、それぞれ一つの章として整理されており、近代マーケティングの成立を確認できる。

## †市場の変貌によって競争の構図が変わる

近代マーケティングの歴史を振り返ってみると、1980年という年を忘れてはならない。最初に訪れた近代マーケティングの大きな節目である。『マーケティング・マネジメント』の第4版が1980年に出版されているが、第11章において初めて「競争的マーケティング戦略」が登場している（図表3）。

初版：1967年

第Ⅰ部　マーケティング機会の分析

第１章　マーケティング・マネジメントとマーケティング概念
第２章　市場とマーケティング環境
第３章　市場細分化
第４章　購買行動
第５章　市場の測定と予測

第Ⅱ部　マーケティング活動のための組織化

第６章　ビジネスの目標とマーケティング組織
第７章　マーケティング計画
第８章　マーケティングにおける意思決定
第９章　マーケティング・リサーチ
第10章　マーケティングのモデルとシステム
第11章　マーケティングにおける創造性

第Ⅲ部　マーケティング・プログラムの計画化

第12章　マーケティング・プログラミングの理論
第13章　製品政策の決定
第14章　新製品の決定
第15章　価格の決定
第16章　チャネルの決定
第17章　物流の決定
第18章　広告の決定
第19章　セールス・フォースの決定
第20章　マーケティングの決定と法律

第Ⅳ部　マーケティング努力のコントロール

第21章　マーケティング・コントロール
第22章　セールスとコスト分析
第23章　マーケティング監査

図表２　『マーケティング・マネジメント』の章立ての変化

## 第４版：1980年

**第Ⅰ部　マーケティング・マネジメントの理解**

第１章　今日の組織におけるマーケティングの役割
第２章　マーケティング・マネジメントのタスクと理念
第３章　マーケティング・システム
第４章　戦略的マネジメントとマーケティング・プロセス

**第Ⅱ部　マーケティング機会の分析**

第５章　マーケティング環境
第６章　消費者市場と購買行動
第７章　組織市場と購買行動
第８章　市場細分化とターゲティング
第９章　市場の測定と予測

**第Ⅲ部　マーケティング戦略の計画**

第10章　マーケティング計画
第11章　競争的マーケティング戦略
第12章　製品ライフサイクル戦略
第13章　新製品開発戦略

**第Ⅳ部　マーケティング・ミックスの組み立て**

第14章　製品の決定
第15章　価格の決定
第16章　マーケティング・チャネルの決定
第17章　物流の決定
第18章　マーケティング・コミュニケーションの決定
第19章　広告の決定
第20章　販売促進とパブリシティの決定
第21章　セールス・フォースの決定

**第Ⅴ部　マーケティング・プログラムの管理**

第22章　マーケティング組織
第23章　マーケティング・リサーチとマーケティング情報システム
第24章　マーケティング・コントロール

**第Ⅵ部　特別なマーケティング・トピック**

第25章　国際マーケティング
第26章　非営利マーケティング
第27章　今日的環境下でのマーケティング

図表３　競争優位性とマーケティング

ある企業にとっての有効な戦略とは、もちろん一様ではない。どのような業界であるかによって異なるだろうし、特定の業界であっても、当該企業の競争ポジションによって異なるはずである。業界で第1位の市場シェアを占める「市場リーダー」であるか、業界で第2位や第3位の市場シェアを占めており第1位を狙える立場にある「市場チャレンジャー」であるか、業界で上位に位置していなくても特定分野において明確な強みを有する「市場ニッチャー」であるか、さらに業界で上位に位置しておらず当面は上位に躍り出ることの難しい「市場フォロワー」であるかによって、それぞれの企業がとるべき戦略は異なるはずである。

2度にわたる石油ショックを経験し、1970年代の後半には、アメリカを中心とした先進国諸国の経済成長に陰りが見え始める。市場は成長するものである、という前提で組み立てられてきたマーケティングの論理に限界が生じ、成長が期待できない市場における新しいマーケティングの論理が組み立てられていった。

市場が成長していれば、自滅しない限り自社の業績は伸びていく。よほどの悪手を打たない限り、苦境に陥ることはない。程度の違いこそあったとしても、ライバル企業が成長するとともに、自社も成長できるからだ。いわゆるウィン・ウィンが前提とされていたといえる。

しかし、「わが社は頑張ってきた。ところが業績は伸びるどころか落ちている。なぜだろう」といった状況が生じるようになる。市場が成長しないため争うべきパイが限られており、何らかの競争上の強みを有するライバルが存在していたならば、市場競争において自社は相対的に弱くなり、市場における取り分は次第に低下する。勝者が生まれれば敗者が生まれるという、まさにウィン・ロスの構図が鮮明になってくる。受験勉強をしていて自分が頑張っていたとしても、ライバルたちが2倍、3倍の努力をしていたならば、相対的に学力は低下してしまい、成績が下がっていくのに似ている。市場における評価のポイントが、絶対評価から相対評価に変わったのである。

### †競争優位性への視点をもたらしたポーター教授

1980年は、マイケル・ポーター教授による『競争の戦略』が出版された年でもある(Porter 1980)。彼の著書により、競争優位性という概念が学会のみならず産業界にも一気に広がった。ポーター教授はマーケティングを専門とする教授ではないが、マーケティング研究に及ぼした彼の影響は計り知れない。それまで前面に打ち出されていなかった競争優位性という概念が、ビジネスを論じる上で最も重要な概念の一つとして浮かび上がってきた。日本で言うならば高度経済成長期、アメリカでいうならば黄金の50年代から60年代とは明らかに異なるマーケティングが、1980年の頃から広がっていった。

嶋口充輝教授の『戦略的マーケティングの論理』は、わが国で競争優位性を踏まえたマーケティングについて正面から論じたマーケティング書である（嶋口 1984）。当時、私は大学院生であったが、従来にはない新しいマーケティングに接した時の感動を今でも覚えている。マーケティングの面白さを実感させていただいた書でもある。1980年以降のマーケティングをみると、競争優位性の視点を前提として議論が進められるようになっており、マーケティングを論じる際のベースが大きく変化した転換期であったことが理解できる。

## †ブランド・エクイティの導入

近代マーケティングにおける次の大きな進化は、ブランド論の登場である。『マーケティング・マネジメント』からは、ブランド研究で世界的に著名なケビン・レーン・ケラー教授が共筆者として加わったことで理解できる。ケラー教授は2006年の第12版からコトラー教授とともに共著者として名を連ねているが、ケラー教授が加わったことで章立てに明確な変化が生じている（図表4）。

第9章「ブランド・エクイティの創出」および第10章「ブランド・ポジショニングの設定」は、ブランド論を正面から論じた章であり、ブランド研究に取り組んできたケラー教授の持ち味が活かされている。第11版までの『マーケティング・マネジメント』では、一つの章を割いてブランドについてじっくりと論じてはおらず、マーケティングにおけるブランドの扱いが、1990年代から2000年代にかけて飛躍的に高まったことへの対応といえる。

もちろん、従来のマーケティングにおいて、ブランドの課題が無視されていたわけではない。ブランド・ロイヤルティやブランド・スイッチングなどの視点はすでに取り入れられており、特に消費者の購買行動と結びつけて論じられていた。あるいは4Pの一つである「製品」の下位項目として、パッケージやラベルとともに取り上げられていた。

しかし当時は、私たちが今日のブランドに対して抱いているような主役的な扱いではなく、脇役ともいえる軽い扱いでしかなかった。そうした状況に転機が訪れたのは1988年、MSI（Marketing Science Institute）によって開催されたブランド・エクイティに関する大会である（Leuthesser 1988）。1988年から1990年の3年間、MSIは重点的に取り組むべき研究課題として、ブランド・エクイティを「リサーチ・プライオリティ」の一つに選出している。

1970年代から1980年代を振り返ってみると、市場での競争がますます激しくなり、ブランド間での熾烈な競争が繰り広げられていた。ブランド・マネジャーは2～3年という限られた期間での成果が要求され、マネジャーたちの志向はきわめて短期的なものとなっていた。組織全体としても、ブランドは企業にとって貴重な資産であるというよりも、利用すべきツールといった認識にとどまっていた。ブランドを長期にわたって育成しようという発想はなく、いかにして短期的成果を上げるために利用できるか、という点に意識が向けられていた。

その結果、多くの企業においてブランドは疲弊し、ブランドの資産的価値は低下していった。そうしたなか、1988年に開催されたMSIの大会では、ブランドの本質を見直し、ブランド・マネジメントの姿勢を改めなければならないという問題提起がなされた。ブランドとは、ヒト、モノ、カネ、情報に続く、企業にとって重要な5つ目の資産であり、長期的に育成していかなければならないことが確認されたのである。

**第12版：2006年**

**第Ⅰ部　マーケティング・マネジメントの理解**

第１章　21世紀のマーケティングの定義
第２章　マーケティング戦略とマーケティング計画の立案

**第Ⅱ部　マーケティングのための情報収集**

第３章　情報収集と環境調査
第４章　マーケティング・リサーチの実行と需要予測

**第Ⅲ部　顧客との関係構築**

第５章　顧客価値、顧客満足、顧客ロイヤルティの創造
第６章　消費者市場の分析
第７章　ビジネス市場の分析
第８章　市場セグメントとターゲットの明確化

**第Ⅳ部　強いブランドの確立**

第９章　ブランド・エクイティの創出
第10章　ブランド・ポジショニングの設定
第11章　競争への対処

**第Ⅴ部　市場提供物の形成**

第12章　製品戦略の立案
第13章　サービスの設計とマネジメント
第14章　価格設定戦略と価格プログラムの策定

**第Ⅵ部　価値の提供**

第15章　バリュー・ネットワークおよびチャネルの設計と管理
第16章　小売業、卸売業、ロジスティクスのマネジメント

**第Ⅶ部　価値の伝達**

第17章　統合型マーケティング・コミュニケーションの設計とマネジメント
第18章　マス・コミュニケーションのマネジメント：広告、販売促進、イベント、パブリック・リレーションズ
第19章　人的コミュニケーションの管理：ダイレクト・マーケティングと人的販売

**第Ⅷ部　長期的成長の実現**

第20章　新製品の開発
第21章　グローバル市場への進出
第22章　ホリスティック・マーケティング組織のマネジメント

図表4　ブランド論とマーケティング

## †経営の中心課題となったブランド戦略

デービッド・アーカー教授による『ブランド・エクイティ戦略』は、ブランド論に火をつけた代表的著作として知られている（Aaker 1991）。ブランドは企業にとっての資産であるという視点に立ち、ブランド・エクイティ論を正面から論じた書である。研究者ばかりではなく実務家の間でもブランドの重要性が認識され、マーケティングの流れを大きく変化させた点で、アーカー教授の影響力は見逃せない。

その結果、マーケティングにおけるブランドの位置づけは、4Pである製品、価格、流通チャネル、プロモーションと同等か、場合によっては4Pよりも上位に位置づけられるようになった。マーケティングの中核にブランドを据えようとする考え方は、この時に生じたが、今日に至っても一つの流れになっている。1990年代後半から2000年にかけてのマーケティングは、まさにブランド論を中心に展開されてきたといえる。

この段階のマーケティングを振り返ると、私自身の著書として思い出深い一冊『競争優位のブランド戦略』がある（恩藏 1995）。アメリカのノースカロライナ大学チャペルヒル校に客員研究員として滞在していたとき、日本不在で出版された書である。海外にいたため最初の評判は直接伝わらなかったが、短期間で版を重ねていたので、多くの読者に読んでいただいたのだと思う。それまでの数年間に蓄積してきた研究成果をベースとして、製品開発とブランド・マネジメントについて論じた一冊であるが、ブランド・マネジメントに関する部分ではブランド・エクイティ（資産）を強く意識した。第4章「ブランド資産とブランド・パワー」と第5章「ブランド資産とブランド戦略」では、章タイトルの一部分において「ブランド資産」という言葉を用いている。

ブランド論について語るとき、アーカー教授とともに忘れてはならない研究者が、先に『マーケティング・マネジメント』におけるコトラー教授の共著者として紹介したブランド研究の第一人者ケビン・レーン・ケラー教授である。ケラー教授に初めて出会ったのは、彼がスタンフォード大学からノースカロライナ大学へ移籍してきた1995年である。1995年の初夏、ノースカロライナ大学のマーケティング教授陣や大学院生たちは、ケラー教授がやってくるとざわめいていた。当時、ケラー教授はすでに人々の話題に上るほど著名な研究者だった。

ノースカロライナ大学では、ケラー教授が担当していたMBAプログラムとPh・D・プログラムの授業に出席させていただいた。MBAプログラムの授業では、私が数年後に翻訳を手掛けることとなる『戦略的ブランド・マネジメント』の初版の草稿が毎時間1章分ずつ受講者に配布され、内容についてクラスで議論した。『戦略的ブランド・マネジメント』はブランド論の決定版ともいえる書籍であり、我が国でも複数回にわたり翻訳本として出版されている（Keller 1998; 2003; 2008; 2013）。ブランド論はリレーションシップ研究やコミュニケーション研究などとも接点を有しており、アーカー教授やケラー教授らによる一連のブランド研究が、その後のマーケティングに及ぼした影響はご存知の通りである。

## 2　精神の領域へ踏み込む「マーケティング3.0」

近代マーケティングにおける4つ目の革新は、2000年から2010年にかけて生じた。ネット社会への移行に伴うコミュニケーションの変化、社会的価値とビジネスの融合、製品開発における顧客や他社との協働などが、新しい世紀に入り急速に表面化した。フィリップ・コトラー、ヘルマワン・カルタジャヤ、イワン・セティアワンの3氏は、こうした一連の変化を『コトラーのマーケティング3.0』の中で論じている（Kotler, Kartajaya, and

Setiawan 2010)。

製品中心の考え方を「マーケティング1.0」、顧客中心の考え方を「マーケティング2.0」としたならば、「マーケティング3.0」は人間中心の考え方という点に特徴がある。ここで人間という用語が用いられているのは、人々を単なる顧客や消費者として捉えるのではなく、マインド、ハート、そして精神を有する全人的な存在として捉えようとしているからだ。そうした人々は、購入する製品やサービスに対して、機能的な充足だけでなく、感情的な充足や精神的な充足をも求める。つまり、このマーケティングのステージでは、人々の志や価値や精神の領域にまで踏み込んで検討しようというのである。

ここで注意しなければならないのは、マーケティング3.0が登場したからといって、これまでの1.0や2.0が否定されたわけではないという点である。3.0は1.0や2.0を補うかたちで生まれてきており、今日の市場環境においてマーケティングが有効であり続けるために必要な視点が新たに加わったと理解すべきである。マーケティング3.0の柱は、協働、パラドックス、そしてスピリチュアルという3つのキーワードで整理することができる。

## †協働はイノベーションの源泉になる

協働という最初のキーワードは、サン・マイクロシステムズの会長であるスコット・マクニーリーが命名した「参加の時代」に対応している。この新しいマーケティング視点では、顧客や他社をいかに自社のマーケティング・システム内に参加させ、協働をはかるかという点が鍵になる。

例えば、マーケティング・コミュニケーションについて考えてみよう。フェイスブックやツイッターなどソーシャル・メディアの普及により、人々は相互に結びつくことができ、自身の意見や考えを他人に容易に伝えることができる。一般の人々の間で展開されているコミュニケーションの影響力は、今日、マーケティングにおいて無視することのできない水準に至っている。その結果、広告やコミュニケーションの領域においては、前世紀、つまり2000年以前のテキストでは今日の状況をほとんど説明できなくなっている。テキストの全面改訂が必要となるほど、広告やコミュニケーションにおける変化が進んでいるのである。

社内で取り組むべき業務の一部を不特定多数の人々へ委託するというクラウドソーシン

グの可能性も高まっている。社外の知恵やノウハウを借りることにより、社内だけでは生み出しにくい新しいアイデアやソリューションを得ることができるからだ。他社はもちろん顧客をも巻き込みながら開発に取り組もうという協働や共創といった考え方は、イノベーションの新しい源泉になる（Chesbrough 2006）。

例えば、P&Gでは「コネクト・アンド・デベロップ」という手法を用いて新製品の開発を進めている。P&Gのネットワークによって世界中の起業家や供給業者を巻き込み、斬新で革新的な製品アイデアを吸い上げるという仕組みである。スキンケア製品の「オーレイ・リジェネリスト」、ほこりとり製品の「スウィッファーダスター」、電動ブラシ「クレスト・スピンブラシ」など、「コネクト・アンド・デベロップ」によって生まれた製品は、同社の売り上げの約35％に相当しているという（Huston and Skkab 2006）。

### †パラドックスが消費を変える

第2のキーワードはパラドックスであり、グローバル化の進展に対応している。グローバル化が進むことにより、モノやサービスや人が自由に移動できるようになるが、その一方で、世界各国では自国をグローバル化の影響から守ろうとしてナショナリズムが呼び起される。2016年6月にイギリスで実施されたEUからの離脱を決める国民投票は、イギリスがEUに加盟していることで生じるプラス面とマイナス面の比較が争点となった。第45代アメリカ大統領にドナルド・トランプ氏が選出された背景にも、同じような動きが働いたものと思われる。

コトラー教授らは『コトラーのマーケティング3.0』の中で、トーマス・フリードマンの著書『フラット化する世界』とロバート・サミュエルソンの記事「世界は今なお丸い」を取り上げながら、グローバル化によってもたらされるマクロレベルでの主要なパラドックスを3つ指摘している (Kotler, Kartajaya, and Setiawan 2010)。

一つ目は政治的パラドックスである。民主主義を導入する国もあれば、非民主主義的な国もある。グローバル化が進むことで経済が開放されたとしても、政治は国単位であって開放されないというのである。二つ目は経済的パラドックスである。グローバル化により経済統合が進んだとしても、経済が平等になるというわけではない。むしろ国家間での格差が広がり、特定の国内でも富の格差が拡大している。日本国内に目を向けても、国民の経済的格差は今世紀に入ってから明らかに拡大しているように思われる。三つ目は社会文化的パラドックスである。グローバル化は普遍的な文化を生み出す一方で、それに対抗する伝統文化を強化する。均一的な文化が広がるのではなく、むしろ多様な文化が併存するというのである。

グローバル化によるパラドックスは人々の消費行動を少なからず変化させるので、マーケティングにおける対応が求められるのだ。マーケティング3.0を実践するためには、グローバル化によってもたらされるさまざまな意味合いを理解し、グローバル市民の関心や欲求に応じなければならない。

社会的な平等と公正を追求するザ・ボディショップ、グローバル化によって平和と協働を訴えるマクドナルドなどのような「文化ブランド」の構築は、グローバル化のパラドックスに対応する一つの解決策である（Holt 2004）。トーマス・フリードマンによって指摘されている、マクドナルドが進出している国どうしで戦争を起こしたことがないという「マクドナルドの紛争予防理論」、デルのサプライチェーンに組み込まれている国どうしで戦争をしたことがないという「デルの紛争予防理論」なども、新しいマーケティングを展開する上でのヒントになりそうである。

## †「スピリチュアル」が創造的社会で必要とされる

第3のキーワードはスピリチュアルであり、創造的社会の時代に対応している。創造的社会では、科学や芸術などクリエイティブな分野で働く人々の果たす役割が大きくなる。リチャード・フロリダの『クリエイティブ資本論――新たな経済階級の台頭』によると、アメリカではクリエイティブな働き方や暮らし方をはじめる人々が増えており、創造的分野の投資額や労働者数も増えている（Florida 2002）。

デューク大学のキャシー・デビッドソンは2011年8月の『ニューヨークタイムズ』のインタビューで、「2011年度に小学校に入学した子供の65％は、大学卒業時に今は存在していない職業に就くだろう」と予測した。2000年以前を思い出してみてほしい。Webデザインやモバイル・マーケティングなどと結びついた仕事はほとんど存在していなかった。社会の進化とともに新しい職業が生まれ、既存の仕事に置き換われば、必然的にマーケティングの姿は大きく変化するはずである。

オックスフォード大学のマイケル・オズボーン准教授も、スポーツの審判、動物のブリーダー、レジ係など、「今後10～20年程度で、アメリカの総雇用者の約47％の仕事が自動化される可能性がある」と推定している。単純な作業はコンピュータやロボットがこなし、人々は創造的な分野の仕事を担うようになる。

ここで述べてきたような指摘は、我が国の将来の教育を検討するうえでも参考にされている。第2次安倍内閣において私的諮問機関として設置された教育再生実行会議、2015年から2016年にかけて文部科学省で行われた高大接続システム改革会議などでは、新しい時代を担う若者には、知識や技能だけではなく、思考力、判断力、表現力が不可欠であると強調されている。創造的社会というのは、日本の初等中等教育とともに、高等教育が見直され、さらにそれらを結びつける入学試験の見直しにまで波及している。

創造的社会が進むと、物質的な充足だけにとどまらず、精神的な豊かさに光が当てられるようになる。消費者たちは自分たちのニーズを満たす製品やサービスだけではなく、自分たちの精神を感動させる経験やビジネスモデルを求めるようになるからだ。それゆえ、企業も人間と同じように精神性の階段をのぼり、企業のミッションやビジョンや価値に精神的便益を組み込んでいかなければならない。3.0という新しいマーケティングでは、自社が人々の幸福にどのように貢献しているのかを認識した上で、人々の精神に訴えながら利益を得ていこうとする仕組みの構築が必要になる。

ＳＴＰ（セグメンテーション、ターゲティング、ポジショニング）や４Ｐに代表される近代マーケティングの構築以降、マーケティングは少なくとも数回の進化を経験してきた。右で述べてきた競争優位性という視点の導入やブランド・エクイティ概念の導入は、最も顕著なものである。マーケティング3.0と称する新しいマーケティングも、次世代マーケティングへの脱皮であるといえる。紙幅との関係もあって本書では取り上げていないが、もちろん他にも注目すべき進化はある。例えば、顧客満足、顧客価値、顧客リレーションシップ、統合型マーケティング・コミュニケーションなどの概念であり、これらの概念や枠組みもマーケティングの論理を大きく前進させている。

3.0への移行は現在も進行中である。先進的な企業のいくつかは既存のマーケティングに対して限界を感じているはずであり、多くの企業にとってマーケティング3.0の発想は、今日の閉塞感を打ち破る重要な鍵になるはずである。

## 3　マーケティング3.0をいかに実践するか

| | マーケティング1.0 | マーケティング2.0 | マーケティング3.0 |
|---|---|---|---|
| | 製品中心のマーケティング | 顧客中心のマーケティング | 人間中心のマーケティング |
| 目的 | 製品を販売する | 顧客を満足させ、つなぎとめる | 世界をよりよい場所にする |
| 顧客の捉え方 | マスの購買者を狙う | マインドとハートを持つセグメント化された顧客を狙う | マインドとハートと精神を持つ全人的存在を狙う |
| 主な提供価値 | 機能的価値 | 機能的価値<br>情緒的価値 | 機能的価値<br>情緒的価値<br>社会的価値 |
| マーケティング・キーワード | 4P（product,place, price,promotion） | STP（市場細分化、ターゲティング、ポジショニング） | ネットワークと共創 |

出典：フィリップ・コトラーほか（2010）『コトラーのマーケティング3.0』朝日新聞出版、19ページを一部修正

**図表5　マーケティング3.0の枠組み**

企業がマーケティング3.0を実践したいと考えた場合、どのように取り組んだらよいだろうか。まず、注目すべきポイントは、顧客の捉え方、主な提供価値、そしてマーケティング・キーワードである（図表5）。

マーケティング1.0では、マスの購買者に向けて、製品の機能的価値を提供すべく、適切な4Pの遂行がなされていた。製品の品質や性能など、製品・サービスの本質部分で顧客からの支持を得られれば、十分な成功がもたらされた。自動車であれば燃費であったり、馬力や安全性であったり、居住性などに焦点が当てられ、そこでの優劣によって売り上げや業績が左右されたのである。

ところが、生産技術の向上とともに各社の

提供製品の水準は高度化し、機能的価値による差別化には次第に限界が訪れる。いわゆるコモディティ化と呼ばれる状況へと陥っていき、機能面での競争優位性の確保は難しくなっていった。機能的価値における一定水準のクリアはもはや当然のこととして、顧客は情緒的価値という新しいポイントを求めるようになる。

## †情緒的価値を盛り込んだ製品

こうして、マーケティングは2.0のステージへと進化していった。STPを実施することで自社が狙うべき顧客を明確に絞り込み、機能的価値に加えて情緒的価値という新しい価値を付加していく。自動車で言えば、大衆車から人々の生活スタイルに合わせたさまざまな車種が開発され、提供される価値は安全性や馬力だけに留まらなくなっていった。

例えば、メルセデス・ベンツのドアの開閉音を思い起こしてほしい。自動車のドアを閉めるときの音は、自動車の機能や走行そのものには直接関係しないだろう。しかし、高級車にはそれにふさわしいドアの開閉音があり、軽自動車やエコノミーカーのドアの開閉音とは明らかに異なっている。ドアの開閉音は情緒的価値の一つであり、自社ブランドにふさわしい開閉音を生み出すために、年間数億円もの開発費をつぎ込んでいる自動車メーカーさえある。

同じような取り組みは、衣料用洗剤でも確認できる。マーケティング1.0の段階では、衣料用洗剤の機能的価値つまり洗浄力において、多くの企業はしのぎを削っていたはずである。ところが、各社の技術力はレベルアップし、洗浄力における優劣の違いは少なくなっていった。そこで、各社は顧客ごとの好みを明確に調べ上げ、セグメント化されたそれぞれの顧客集団に対して、仕上がり後の香りや手触り感などの情緒的価値を提供するようになる。マーケティング2.0へのシフトである。

## †社会的価値を備える「マーケティング3.0」

マーケティング3.0ではどうだろう。機能的価値と情緒的価値に加えて社会的価値がクローズアップされるようになる。社会環境の変化や人々の意識の変化により、社会的価値を備えた製品やサービスでなければ、世の中には受け入れられ難くなっている。顧客を捉える場合でも、単なる購買者集団として捉えるのではなく、マインドもハートも精神も備えた全人的存在として捉える必要がある。

再び衣料用洗剤で考えてみよう。2009年に市場導入された花王の衣料用洗剤「アタック Neo」は、従来品における濯《すす》ぎが2回であるのに対して、濯ぎが1回で済むように改良されている。1回だけの濯ぎで、従来品よりも汚れも洗剤も流れてしまうという特性を備えているのである。花王の技術力によって実現した製品であるが、人々はこの製品を用いることによって、使用する水と電気を節約できる。環境面や省エネ面からみて、従来品よりも間違いなく優越性を備えており、高い社会的価値を備えた製品といえる。

2011年に市場導入されたトヨタのハイブリッドカー「アクア」も、圧倒的な燃費のよさと排気ガス面で環境性能に優れており、社会的価値を備えた製品といえるだろう。

マーケティング2.0が不十分であって、すべての企業は短期間のうちにマーケティング3.0にシフトすべきだと述べているわけではない。今日においても、大半の生産財企業はもちろん、多くの消費財企業がマーケティング2.0で成功している。

日本香堂の事例を見てみよう。同社では数年前から「喪中はがきが届いたら」というキャンペーンを行っている。かつて贈答用線香の需要は、お盆とお彼岸に集中していた。しかし日本香堂は家族葬が増えていることに注目した。家族葬が増えると、年末の喪中はがきによって初めてご不幸を知ることとなり、受取人は困惑してしまう。お世話になった故人に対して、弔問に行くことができなかったので、何かをしたいという思いを抱く人が少なくない。

そのようなとき、「お線香で弔慰を示そう」という提案で、日本香堂は贈答用線香の売上高を大きく伸ばすことに成功した。2000年以降ほぼ横ばいだった贈答用線香の売上高は、キャンペーンを始めた途端に2倍近くまで伸び、数年後には2.5倍を超えるまでになる。贈答用線香が消費されるお盆とお彼岸という需要の山に、年末という新しい山の創出に成功したからだ。これは適切なSTPと4Pの実践によるものであり、新たな社会的価値が付加されているわけではない。マーケティング2.0の優れた事例であって、従来からのマーケティング手法の延長上にある。消費者に新しい利用シーンや消費局面を知らせることに成功すれば、マーケティング2.0に基づいた論理においても素晴らしい成果はもたらされるのである。

その一方で、マーケティング研究者やマーケティング実務家によって、これまで社会的価値が全く指摘されていなかったわけではない。1970年代に広まったソーシャル・マーケティングやソサイエタル・マーケティングにおいては、社会的価値の重要性が取り上げられることが多かったし、企業の社会的責任（CSR）の考え方も以前から存在している。しかし多くの場合、従来までの社会的価値の提供は、本業との結びつきが弱く、付随的な取り組みにとどまっていた。企業の本業そのものとして提案する製品やサービスの中に、社会的価値が適切に織り込まれていなかったのである。「地域のイベントを支援しています」「植林をしています」「公害対策をしています」などではなく、自社製品や自社サービスにおいて社会的価値を明確に打ち出しているかどうかが、マーケティング3.0と呼べるステージにあるか否かの識別となる。

顧客の側においても、これまで社会的価値にあまり目を向けていなかったという面がある。右で取り上げたアタックNeoで考えてみよう。日本はもともと良質な水が豊富で、節水だと言っても人々はほとんど価値を認めないし、節水に対して追加的なお金を払うこともなかっただろう。それよりは、高い洗浄力、仕上がりのソフト感、香りの良さのほうが、企業は顧客に対して遥かに価値を訴えやすかったはずである。だが、人々の意識は変化している。価値観も従来の水準にとどまってはいない。とすれば、マーケティング3.0が重要となるビジネス領域は、これから先、間違いなく増えるはずである。

第2章
# 顧客の顧客と手を結ぶ

## †「顧客の顧客」とは誰か

マーケティングでは、顧客に目を向けることの重要性が繰り返し述べられてきた。顧客が抱くニーズを把握したり、顧客が抱える課題を浮き彫りにしたりすることは、マーケティングの出発点ともいえる。ところが、自社製品を実際に使用したり利用したりする者は、多くの場合、自社に購入費を支払っている顧客ではなく、自社から見ると顧客の先に位置している「顧客の顧客」なのである。

例えば、ターボチャージャーについてみてみよう。ターボチャージャーとはエンジンの排気ガスを利用してタービンを高速回転させ、その回転力で圧縮した空気をエンジン内に送り込む機器である。これにより、本来の排気量を超える混合気を燃焼させることができ、エンジンの熱効率を高められる。詳しいメカニズムはわからなくても、多くの自動車に搭載されているため、一度は耳にしたことのある人は少なくないはずだ。かつては、エンジンの出力を引き上げる機器として知られていたが、今日では省エネ機器としても位置づけられている。実際、ターボチャージャーが搭載されている車種を見ると、ポルシェのようなスポーツカーだけではなく、省エネを狙ったトラックなどの商用車であったりする。出力を補う目的で、エンジン排気量の小さな軽自動車に搭載されることもある。

ＩＨＩや三菱重工業といったターボチャージャーのメーカーにとっての顧客といえば、真っ先にトヨタやホンダなどの自動車メーカーが挙げられる。しかし、その先のディーラー、さらには消費者や輸送業者といった実際に自動車を購入し、運転する者にまで踏み込んでニーズや課題を吸い上げる必要があるというのが本章におけるメッセージである。このような構図はターボチャージャーだけではない。スマートフォンの部品として用いられているリチウムイオン電池や液晶パネルなどでも同じような状況にある。リチウムイオン電池のメーカーであるＴＤＫ、液晶パネルのメーカーであるジャパンディスプレイ、カメラ駆動部品のメーカーであるソニーにとっての顧客は、自社製品の納品先であるアップルだけではない。iPhone の購入者にまで視野を広げなければならない。

顧客の顧客が消費者というビジネスであれば、消費者に届くまでに流通業者が介在していたとしても、顧客の顧客という考え方は比較的わかりやすい。飲料や日用雑貨のように完成品であっても、ターボチャージャーや液晶パネルのように部品や素材であっても、自社製品の価値を消費者が直接的に受け取る場合には、これまでにも最終ユーザーである消費者の声に耳を傾けようという動きはあった。これに対して本章で主張したいのは、顧客の顧客が最終ユーザーではなくビジネス顧客の場合である。しかも、長年にわたり業界構造が確立されていて、自社の直接的な顧客よりも先の存在に到達しにくい事業領域においてである。そうした事業において、「顧客の顧客」に目を向けることの意義や重要性について整理してみようというのである。

顧客の顧客に目を向けることが重要なのは、直接的な買い手の交渉力を弱め、新市場を創造する機会をもたらし、そして業界構造の再構築のキッカケをもたらす、といった幾つかのメリットがある。これらのメリットについては第3節で論じることとして、ビジネス顧客としての顧客の顧客と結びつくことにより、大きな成果を上げている前川製作所の事例からみていこう。

## 1 顧客の顧客に直接結びつく前川製作所

製氷冷蔵業でスタートした前川製作所は、産業用冷却装置を中心とした典型的なB to B企業であり、主力の産業用冷凍・冷蔵装置における国内での競争ポジションはトップ、世界でも最有力企業の一つになっている。２０１６年の時点で、国内に60を超える事業所と3つの生産拠点、海外でも39カ国に90を超える事業所（6つの生産拠点を含む）を有しており、産業用冷凍・冷蔵装置、食品・食肉加工装置、エネルギー、ケミカル・サイエンスの4つを事業の柱としている。産業用冷却装置を私たちが目にすることはまずないが、肉や魚の鮮度を保ちながら消費者にまで届けてくれるコールドチェーンには欠くことができない。スケートリンクやカーリングホールなどを支えている機器でもあると聞けばイメージがわくだろう。東京湾トンネル工事やトルコ共和国ボスポラス海峡横断鉄道トンネル工事など、水脈と絡む工事現場では、土留めや止水のために土壌凍結工法が用いられた。そのような場所でも、前川製作所の冷凍機は活躍している。

前川製作所が得意としている産業用冷却装置や産業用空調といった製品では、製造企業から物流会社や食品メーカーに納品されるが、一般に両者の間にはゼネコン、プラント施工会社、設計事務所が介在する。製造企業が納品先と直接的なコンタクトを有することは少なく、ゼネコンなどがコーディネーター役を果たし、冷却装置や空調はプラントや施設における装置の一つとして扱われる。そのため、プラントや設計事務所は大きな壁となって存在しており、産業用冷却装置や産業用空調の製造会社が顧客の先に位置する物流会社や食品メーカーと直接的に意見交換をする機会は少ない。

そうした業界特性があるなか、前川製作所は「共創」をキーワードとして掲げ、顧客の顧客となる物流会社や食品メーカーとダイレクトに結びつくことで、自社製品の価値を引き上げ、大きな成果を上げてきた。「技術、製造、販売の各部門と、お客様、お客様の市場、時代環境などが有機的に結びついた世界が私たちの活動する場」として捉えているからである（前川製作所 2015a）。その活動の場において、各社、各人が有している感覚をすり合わせながら共有し、自社の可能性について掘り下げていけば、特有の価値が生まれる。このような流れは前川製作所の文化であり、持ち味となっており、他社との競争に巻き込まれない立場を築く上で役立っている。

前川製作所のメンバーと話していると、「共創」「棲み分け」といった言葉が頻繁に出てくる。受注産業として仕事を受けるという発想ではなく、顧客の先へと目を向け、実際に顧客の顧客と濃密な接点を有することで、新たな価値を生み出すとともに、競合他社との明確な棲み分けを実現しているのである。

## †現場で発想された「トリダス」

チキン骨付きもも肉全自動脱骨ロボット「トリダス」の開発は、顧客の顧客との強固な結びつきを有する前川製作所であるからこそ実現したヒット製品である。トリダスの開発責任者となっていた兒玉龍二氏から、開発の経緯や苦労についての話を伺う機会を得た。前川製作所にとって、食品業界は最も大切な納入先である。そうしたこともあり、前川製作所の営業担当は自社にとっては顧客の顧客に当たるブロイラー工場に出向き、日頃から彼らの夢とともぼやきとも取れるような要望を耳にしていた。前川製作所では、「お客さまの中に入り込み、その工場を現場にして発想する」という開発ポリシーを有している。大変な脱骨作業を何とかしたいという声は、このようにして吸い上げられた。

トリダスが開発されるまで、チキン骨付きもも肉の脱骨作業は100%人手に頼っており、作業員にとっては肉体的に大変な作業であった。長時間にわたり効率よく脱骨作業を行うのは容易ではなく、脱骨作業を長年にわたり続けていると、腱鞘炎になってしまう作業員もいた。

少子高齢化が進み、将来的に労働力不足が問題視されている我が国において、チキン骨付きもも肉の脱骨作業に対する疑問が抱かれ始めていた。そうした折、「マエカワは立派な冷凍機をつくるのだから、その技術を応用すれば将来的に、うちの会社を全自動化できるのではないか」といった声を聞いていた（前川製作所 2015b）。実際の開発に当たり、兒玉氏は鹿児島県のブロイラー工場に研修生として入り込み、チキン解体の一連の作業を観察し、経験している。１９８２年に顧客の声から始まった開発は、１号機となる「モモエちゃん」の誕生まで約４年を要した。

だが、開発ストーリーは、これで終わりではない。むしろ、1号機から進化のストーリーのほうがはるかに長い。モモエちゃんはユーザーの期待に応えることができず、失敗に終わってしまう。開発された1号機は確かに脱骨機ではあったが、依然として人の手を必要としており、ブロイラー工場が期待していた完全自動化されたロボットとはほど遠いものであった。最初の1号機モデルはカッターによって肉を切り離すという仕組みになっており、処理速度は人手とそれほど大きな違いはなく、カッターは15分で刃こぼれしてしまった（藤原 2012）。

脱骨機の開発を希望していた工場長の一人は、次のようなコメントをした。「確かに良い機械だが、これでは使えない。第一の理由として、機械を簡単に洗浄できないこと。第二の理由として、機械が複雑なため簡単にメインテナンスできないこと。第三の理由として、工場長にとって自社の工場でこの機械が動いているイメージが描けないこと、である」。これ以上続けても実用化の目処が立たないという理由で、会社としてモモエちゃん開発プロジェクトは中断となったのである。

開発は止まっていたが、顧客側の期待は依然として残っており、「あの脱骨機はどうなった」という声が消えることはなかった。ユーザーからの熱い要望に応えるため、1990年に再び開発がスタートした。開発が再開されると兒玉氏はブロイラー工場に通い、来る日も来る日も鶏ももをさばいていた。仮に前川製作所を退社しても、ブロイラー工場で雇ってもらえるというほど、兒玉氏は脱骨作業の腕を上げていた。そうした作業の中で、肉と骨を切るのではなく、引き剝がせばうまくいくだろうという発想に辿り着いた。

当時のことを振りかえり、次のような発言がある。「工作機械メーカーは、ふつう肉と骨を切り分けることを考える。トリダスの一号機もそうだった。生産技術を機械化するということの意味が分かっていなかった。現場で職人さんのワークを見て、実際どうしているかを見ようとした。最初、包丁で切っていたと思っていた。ところが、引き剝がしていたのだ。そこにミソがあった。これはふつうの機械ではできないなと、うなった」。

## †「現場で使えるか？」を意識する製品開発

開発プロセスにおいて次のステップへ進む際、「ユーザーにとって、本当にこれで良いのか。これがうまく行けば、導入する意思があるのか」についてその都度、確認しながらステップを進めた。過去に開発した製品が、ユーザーから「求めている物とイメージが違う、使えない」と指摘され、営業部門から「開発メンバーの判断で作ったから売れない製品に仕上がった」という苦言を聞いていたからである。新型脱骨機は3号機まで進化が進み、ロボットと呼ぶことのできるレベルにまで完成度を高め、１９９４年に名称も「トリダス」として市場導入された。鶏の足のくるぶし部分を金属製のアームに引っ掛けて、足首の筋をカットして肉を剝がし取るという仕組みが出来あがった。

鶏の足が大きかったり小さかったり、あるいは少し曲がっていたりすると、当初は肉を取り残していた。しかしセンサーを取り入れることにより、そうした個体差に対応できる仕様へと進化し、当初は15％ほどであったミス率は、5％程度にまでなった。しかも、熟練した作業員による手作業の75％という歩留まりよりも高い85％ほどの歩留まりを実現できた。手作業の場合、まれに骨が混入することもあったが、トリダスでは骨が混入することもない。トリダス1台で4人ほどの作業をこなせるので、いかに効率よく脱骨作業を進められるかがわかる。

国内にブロイラー工場を有する約30社を長野県佐久市にある自社工場に招き、トリダス発表会を開催した。すると、ある参加者から、「この脱骨方法は理にかなっている」といった声が上がった。競合他社による脱骨機の発表がすでに行われていたが、評価が高いものではなく、機械脱骨に対する潜在顧客の満足度は低水準にとどまっていた。トリダスのプレゼンテーションでは、肉の品質・歩留りともに参加者の期待以上の結果であり、参加者たちは「直感的にこれなら使える。人手同等であることに感動した」などの声を発した。

その後もトリダスの進化は続く。2002年にトリダスマークⅡの開発がスタートし、2004年に市場導入がなされた。トリダスはブロイラー工場から大いに歓迎され、1996年にはトリダスシリーズの出荷台数が100台、2006年には500台、2016年には1600台を突破している。販売台数のほぼ半数は海外市場において実現しており、前川製作所にとっては新しいビジネスの柱として育っている。社内では、「お客さんに絡んで仕事をしていると成長する。レベルも高くなる。人を育てながら技術も育てていく。それが前川製作所のやり方だ」といった意識を高めている。

## †培った技術で新市場を開拓する

トリダスの成功は、それだけにとどまらなかった。鶏肉という大きさや硬さが微妙に異なる物体を扱えるロボットの技術を蓄積し、画像処理データのノウハウも学ぶことにより、隣接事業へと乗り出していった。鶏の胸肉脱骨工程を自動化するイールダス3000の開発である。トリダスでの経験により、機械にセットするだけで、鶏の個体差に対応して肩筋入れ、ササミ取りを行い、むね肉、手羽、がらに分離できる。前川製作所が培ってきた脱骨技術で、むね肉、ささみは、人手と同等の形状、歩留りを実現している。

食肉加工は鶏肉だけではない。豚肉加工ロボットについても、6年をかけて開発を進めてきた。肉と背骨を分離するハムダス－RXであり、職人ならではの手わざに近い処理を実現している。不可能といわれた筋入れの自動化を世界で初めて実現し、もも部位除骨作業の60％を処理できるようになった。全長測定することにより個体差に対応してカットするので、高い歩留りを実現できる。また、まな板を使用しておらず、防水仕様でもあるので、洗浄面や衛生面にも優れた自動除骨ロボットとなっている。

## 2　顧客の顧客がもたらすメリット

### ①　買い手の交渉力を弱める

ターボチャージャーやトリダスの事例からもわかるように、多くのビジネスにおいて、製品生産者と当該製品の最終使用者の間には複数のプレイヤーが存在する。部品や原材料といった製品の場合は、ほぼ例外なくこの図式が当てはまる。自動車で考えた場合だけでも、タイヤ、カーナビゲーション、シート、フロントガラスなどが思い浮かぶ。

顧客の顧客に目を向けることのメリットは、彼らからのリクエストや支持を得られる点である。かつてインテルは、「インテル入ってる」のキャンペーンを実施し、パソコンの単なる部品メーカーから、一躍、表舞台へと躍り出た。パソコンユーザーは自分のパソコンにインテルのロゴシールが貼られていることにより、安心感や信頼感を得るようになる。そうした安心感や信頼感は、パソコン購入時におけるリクエストや支持に結びつくはずであり、それが進めば自社ブランドの指名買いさえ生じるようになる。

かつて、マイケル・ポーターによって提唱された業界の収益性を規定する5つの競争要因の一つに「買い手の交渉力」がある。買い手の注文量が多くて、交渉能力が高く、ブランド意識が低いような場合、買い手の交渉力が高まり、自社にとって当該業界の魅力は低下しやすいと指摘されている（Porter 1980）。ところが、買い手の顧客を味方につけることにより、買い手におけるブランド意識を高めるとともに、買い手による自社に対するコミットメントやロイヤルティを引き上げ、他取引先へのスイッチングを思いとどめてくれる。また、価格面での交渉においても、買い手の顧客が発する声は自社に有利に働くはずである。

マーケティング・コミュニケーションの領域において、以前からプル戦略という考え方が知られている。これは、消費財メーカーが卸売業や小売業ではなく、消費者への広告などにより直接情報を伝達し、彼らから自社ブランドに対する要望を発してもらい、消費者の側から売り上げを引っ張ってもらうという考え方である。マーケティングは消費財企業を中心に発展してきたこともあり、部品メーカーや生産財メーカーの多くは、こうしたプル的な発想が欠けていた。もちろん、特殊な業界構造や慣行により、顧客の先へ容易にアプローチできなかったという事情もあるだろう。

しかし、ひとたび顧客の顧客の意識を高め、彼らに自社との直接的な交渉の価値を感じさせられたならば、目前の顧客に対する自社の立場を大幅に引き上げてくれるはずである。BtoB企業においても顧客の顧客に目を向け、直接彼らと結びつき、消費財メーカーで知られているプル戦略などの活用により、買い手との交渉力をアップすることが可能になる。

## ②新ビジネスを創造する

顧客の顧客と結びつくことは、自社ブランドの知名度を上げたり信頼を高めたりして、交渉力をアップするだけではない。自社製品や自社技術に関するニーズや課題が直接伝達されることにより、新しいビジネスの創造に結びつくことがある。

部品メーカーや素材メーカーが直接的な取引先に目を向け、彼らの声を聴くことは当然ともいえる。取引先のシステムや製品の中に自社製品を効率よく組み込んでもらい、最終提供物の完成度の引き上げに貢献できるからだ。しかし、自社のブランド価値を引き上げたり、自社の提供価値そのものを刷新したりするような情報が、取引先である顧客から効率よく入手できるという期待は抱きにくい。

取引先は個々の部品や原材料に関心がないわけではないが、最終提供物の全体としての価値に関心があり、部品や原材料の価格の引き下げには熱心であっても、個々の価値向上や革新に一つひとつ気を配ることは少ないからである。逆に言えば、もし自社製品の価値を引き上げたり、自社製品に革新をもたらしたいと考えたりするならば、自社の顧客の先に位置する顧客と結びつく必要がある。最終提供物の利用者はシステムや製品を全体として評価するだけではなく、個々の部品や原材料という視点でも評価する。もちろん、現在の提供物に対して不満を抱いているかもしれない。直接的な取引先からでは目につかず、また把握もできないような、課題や悩みやが浮かび上がってくるかもしれない。

摩耗したタイヤをそのまま廃棄するのではなく、タイヤの表面だけを張り替えて再利用するという新しいビジネスにブリヂストンは乗り出した。リトレッド事業と呼ばれるものだ。路面と接する部分のタイヤのゴムをトレッドゴムと呼ぶが、その部分を一定の厚さで取り去り、新しいトレッドゴムを張り付ける。新しいタイヤよりもコスト面で優位性を備えているだけでなく、台タイヤの部分は再利用できるので省資源という点でも評価できる。リトレッドタイヤを安心して利用するために、台タイヤの耐久性確保が重要になるため、ブリヂストンではタイヤの一括管理サービスであるエコバリューパックを提供している。

トラックを中心とする輸送業界は、宅配サービスの普及や電子商取引の発展により順調に伸びている。しかし典型的なコモディティ化したサービスであり、他社との差別化が実現しにくく、コスト面での競争はきわめて厳しい。そのため、トラックエンジンの燃費やメインテナンス費はもちろん、タイヤのコストに対しても敏感である。ブリヂストンのリトレッド事業は、そうした輸送業界の課題に対する一つの解決策として生まれた。

タイヤに関しては買い替え需要が存在しており、従来からブリヂストンは顧客の顧客と結びついていた。しかし、自動車メーカーに採用されれば、買い替え時においても、同一製品が採用されることが多く、もしくはカーショップで自社製品を扱ってもらえればよく、顧客の顧客に対する価値の創造は進んでいなかった。リトレッドという発想は、飛行機のタイヤのように摩耗が激しく、しかも非常に高額な製品ではすでに導入されていた。頻繁にタイヤを交換していては、コストばかり高くなってしまうからである。輸送業者という顧客の顧客が抱いていたニーズや課題は、まさにブリヂストンにとっての大きな機会であり、新しいビジネスの創造へと導いてくれた。

パナソニック電工が行っている「あかり安心サービス」も、顧客の顧客と結びつくことで生まれたビジネスである。蛍光灯や電球などのランプを販売していた事業部門が始めたもので、最終ユーザーに目を向け、彼らが求めているものの本質の理解が鍵となっている。最終ユーザーがランプに求めているものは、オフィスや作業所の明るさであり蛍光灯や電球そのものではない。とするならば、ランプではなく明るさを提供してはどうかという発想で、ユーザーの事業所の明るさをマネジメントするというアイデアが生まれた。かつて、ハーバード大学のセオドア・レビット教授が提唱したマーケティング・マイオピアの発想であり、現在の提供物からではなく、顧客が求めているものの本質から新たなビジネスが生まれている（Levitt 1960）。

一つの建物で、数百本、数千本のランプを有する事業所は少なくない。そうした事業所のランプのマネジメントを一括で請け負い、切れてしまったりした使用済みのランプを取り替え、適正処理によるリサイクルまで責任を持って引き受ける。ランプは典型的なコモディティ製品であるだけに、従来の顧客である流通業者にランプを単体で販売している限り、厳しい価格競争からは逃れられない。パナソニック電工は顧客の顧客と結びつき、新しい価値を生み出すことに成功したのだ。

つまり、顧客の顧客と結びつくことにより、マーケティング・マイオピアに陥ることなく、彼らが発している声を吸い上げ、彼らが求めているものの本質を見抜きやすくなるのである。

### ③ 業界構造を再構築する

顧客の顧客に目を向けるということは、競争条件を有利にしたり、新しいビジネスに結び付く価値を創造したりするだけにとどまらない。業界構造に抜本的な変革をもたらし、再構築にまで至らせることがある。例えば、自社ビジネスを取り巻く価値連鎖において、従来とは異なるプレイヤーが主導権や発言力を有するようになる。あるいは、当然と思われてきた価値連鎖の順番が入れ替わる。こうした業界構造の再構築は、後ほど紹介するセントラルユニの事例で確認できる。

製品やサービスを提示されている選択肢の中から選び、これまで受け入れるだけにすぎなかった者が、自らのニーズや課題について発言でき、それを叶えてくれるのだと気づいたら何が起きるだろうか。しかも、自らのそうした発言を支持してくれるプレイヤーが登場したらどうだろうか。価値連鎖内におけるプレイヤー間の役割や力関係の均衡が崩れたならば、従来からの業界構造の存続は難しくなるだろう。こうした事実を理解するならば、顧客の顧客と結びつくことのインパクトは、既存のビジネス内における競争優位性や戦略

| | |
|---|---|
| 買い手の交渉力を弱める | 自社の顧客の先に位置する顧客と手を組むことにより、彼らの発言力を利用し、買い手との交渉を有利に導ける。 |
| 新事業を創造する | 新しいニーズや課題が届くようになり、マーケティング・マイオピアに陥ることなく、新しい価値の創造へと結びつく。 |
| 業界構造を再構築する | 業界内のルールが見直されるとともに、従来からの価値連鎖が崩壊し、業界構造が再構築される。 |

**図表6**　顧客の顧客がもたらす3つのメリット

性を追求するという視点ではなく、組織のビジョンやミッションを刷新させるという視点で検討できるはずである。業界構造の変革に成功すれば、業界における既存のルールを打破したり、価値連鎖内での主導権を握ったりすることも不可能ではない。

部品メーカーや素材メーカーは、伝統的に品質面でのレベルアップを競い、それによる競争優位の実現を目指してきた。ところが製品やサービスのコモディティ化により、品質面での差別化が困難となり、多くの場合、コスト面での競争で疲弊しきっている。顧客の顧客と手を結ぶことは、こうした苦境に対する一つの打開策になる可能性がある。

以上、顧客の顧客がもたらすメリットを3つの視点で整理した。要点をまとめれば、図表6のようになるだろう。もちろん、顧客の顧客と結びつくことの重要性が理解できたとしても、そうした顧客が発する言葉や意見に適切に反応できなければ意味がない。ビジネス・チャンスとなる貴重なニーズを発していても、ただの日常会話の延長としてそれを聞き流していたならば革新も生まれないし、価値も創造されない。

## 3　明言されるニーズを遮断する常識の壁

顧客と接することにより、大きなビジネスへ結びつくような発言《ニーズ》を彼らから聞いたとしても、それが未解決のニーズであり、大きなビジネス・チャンスであるとして受け止められなければ意味がない。「チキン骨つきもも肉の脱骨作業はつらい。何とかならないだろうか」という顧客の言葉を聞いたときに、脱骨作業はそういうものなので、ある程度の辛さは仕方ないだろうと前川製作所の担当者が考えていたならば、「トリダス」という新しいロボットは生まれなかったかもしれない。「仕方ない」「当たり前だ」「我慢すべきだ」「それは無理だ」「通念になっている」などという考えが立ちはだかり、せっかくの明言されるニーズといえどもビジネスには結びつかない（図表7）。

| | |
|---|---|
| **「仕方ない」** | 顧客や社内に諦めとしてしみ込んでいる<br>➡　**諦めない** |
| **「当たり前だ」** | 社内や業界が当然のこととして思い込んでいる<br>➡　**否定する** |
| **「我慢すべきだ」** | 表面化している課題であっても顧客は受け入れてきた　➡　**解き放つ** |
| **「それは無理だ」** | 顧客や社内に暗黙の壁として存在している<br>➡　**挑戦する** |
| **「通念になっている」** | ルーティン化したものとして信奉してきた<br>➡　**批判する** |

**図表7**　明言されるニーズを遮断する５つの考えとそれへの対応

## 潜在市場を見抜くことを妨げる「3つの常識」

貴重なニーズとして受け止められ、自社内に位置づけられる顧客の発言もあるが、多くは問題でも課題でもなく、通常の会話の延長として受け流されてしまう。もちろん、右で述べたような顧客の顧客にアプローチできたとしても、彼らの発言の中からニーズを識別できる能力や資質が自社に備わっていなければならない。

顧客の発言や要望を聞いたとしても、一般に3つの局面に常識が存在しており、その常識によって人々は潜在性の高い顧客の発言や要望を自分事化せず、自社にとって取り組むべき重要課題であるという認識に至らない。3つの局面における常識とは、「市場の常識」「業界の常識」、そして「自社の常識」である（恩藏 1995）。

注射の痛みが好きな人はいない。日々、複数回の注射を余儀なくされている糖尿病患者が、「注射の痛さから解放されたい」と思ったとしても、注射は痛いものなので多少の痛みは仕方ない、我慢すべきだと捉えていたとしたら、患者の声は企業にしっかりと伝わらず、テルモの痛くない注射針「ナノパス」は開発されなかったかもしれない（永井・恩藏 2013）。顧客（市場）の側には、提供内容の現状を否定したり諦めたりしない姿勢が求められるのである。

もちろん、そうした声を聞いたテルモ側にも、ある程度の注射の痛みは当たり前だろうという意識が強ければ、ナノパスの開発は大幅に遅れていたかもしれない。注射の多少の痛みは、以前から業界の常識として考えられてきたからだ。注射の痛みに対して、通念として受け入れることを批判したり、無理と思われる壁に挑戦したり、さらには我慢している患者を解き放とうとする熱い思いがあって、初めて常識は打破されるのである。

## †常識を打破するマーケティング力

右で述べたような常識は、もちろんさまざまな業界にもある。花王の「アタック Neo」

における濯ぎの回数を2回ではなく1回にするという発想は、まさに従来からの業界の常識に挑戦するものだったに違いない。数年後には競合他社も類似製品を市場導入しており、濯ぎは1回という衣料用洗剤が、環境性能の優れた製品として市場からも受け入れられるようになっている。

コンピュータ将棋のソフトウェアとプロ棋士が戦う将棋電王戦では、コンピュータのハードウェアとソフトウェアの進化により、コンピュータ側に軍配が上がりつつある。コンピュータ将棋は疲労などに伴うミスがなく、膨大な過去の対戦履歴を学習していることが強みになっているが、プロ棋士が考えもつかない手を指すという点も、コンピュータ将棋の強みになっているようである。

ある種の業界ともいえるプロ棋士の間には、慣習化しているような手筋があり、疑うことのない定跡が存在している。プロ棋士たちが、そうした枠から逸脱した打ち手を指すことはまずない。逸脱は悪手と考えられているので、最初から検討すべき一手として加えられることもない。しかしコンピュータには、そうした常識が存在しておらず、指すべき手をまさに機械的に信じがたいスピードで検討する。コンピュータ将棋と対戦し、あり得ないような意表を突かれた一手に当惑し、一局の形成を大きく損ねてしまったプロ棋士は少なくないようである。業界の常識をいったん捨ててみることの可能性や潜在性は、このようなところでも確認できる。

独自の常識を有する組織も少なくない。1993年に一般道路の休憩施設としてスタートした「道の駅」は、全国で1000駅を超え、年間売上高は2000億円を上回っている。そもそも道の駅は、休憩場所とともに商品やサービスを提供する場であった。しかし、そうした組織の常識を打ち破り、「休憩」「情報提供」「地域連携」を共通の枠組みとしつつ、地域毎に自主的なマネジメントへ動き出した。

その結果、取扱商品を大幅に充実させ、一部の道の駅は地域の観光目的地にまで進化し、地域活性化の拠点として定着している。近年では、災害時の防災拠点や観光総合窓口としての機能を有する道の駅も生まれている。まさに自らの常識を打破することで進化し続けてきており、2015年には第7回日本マーケティング大賞に輝いている。

## †否定による躍進――「日清クッキングフラワー」の革新

今日、市場の多くは成熟し、限られたパイを巡って激しい競争が展開されている。成熟市場の関係者の意識はどうしても後ろ向きになりやすく、自社ブランドの販売低迷の原因を市場のせいにしたり、目前の市場に期待を抱かず別の市場に可能性を見出そうとしたりする。だが、「日清クッキングフラワー」の成功は、成熟市場でビジネスを展開する多くのマーケティング関係者に希望を与えてくれる。長年にわたり当然と思われていた袋タイプのパッケージを否定し、ボトルタイプのパッケージを採用したことで、売り上げ増に結び付いたからだ。日本経済新聞社の「日経MJヒット塾」において、開発担当者から開発に至る経緯について意見交換をすることができた。

総務省の『家計調査』によると、小麦粉の家庭内の消費量は1985年からの30年間で約3分の2にまで縮小している。同時期において約半分にまで減少している醬油、砂糖、味噌ほどではないが、小麦粉市場が縮小傾向にあることは明白である。さまざまな基礎調味料の消費量の低下は、家庭での料理の実態が変化していることに起因している。こうした厳しい市場環境で、2015年に導入されたのが日清フーズの日清クッキングフラワーである。含まれるグルテンというたんぱく質の量や性質によって、小麦粉は薄力粉や強力粉に分類される。グルテンが少なく粒が細かいのが薄力粉で、こねた時に弾力と粘りが弱くサクサクした食感が得られ、天ぷらなどで使われる。一方、強力粉はグルテンの量が多く粘りが強いので、パンやパスタなどに向いている。

日清フーズは薄力粉に注目し、まず小麦粉の家庭での使用実態を把握することから着手した。使用量は1回当たりに使う量と頻度で決まる。用途別にみると、1回当たりの使用量が多い天ぷら、ケーキ、お好み焼きなどの料理で約6割。1回当たりの使用量が少ない揚げ物系の打ち粉、から揚げ、ムニエル、ホワイトソースなどで約4割を占める。検討の余地があると判断したのは後者である。打ち粉などとして用いる場合、そもそも使用量が少ないため、従来からの袋パッケージは適していない。

同社が消費者に小麦粉の不満を尋ねてみると、「粉が散る」「粉が袋から出にくい」「使い切れない」など、顕在化している問題点は少なくない。ところが、薄力粉のロングセラー「日清フラワー」は1955年に市場導入されて以来、50年以上も袋パッケージを守ってきた。2005年に一部で素材を紙からビニールに変えたものの、袋タイプに変わりはなかった。容量の面では500グラム入り（紙）から2キログラム入りまで4種類で対応していたが、異なるタイプのパッケージは生まれていなかった。

さらに調査すると、消費者の45％は薄力粉を「シンクの下など普段目に付かない場所」に保管していた。「冷蔵庫の中」（24％）や「シンクの傍らなど普段目につく場所」（21％）に置いている人は半数にも満たない。料理をしていて目に入らなければ、生姜焼きなどで打ち粉をして美味しさを引き出そうなどとは思いつかない。これでは、日々の料理において、ちょっとした一手間をかける薄力粉の利用シーンが生じにくい。

一連の調査と分析から、日清フーズが取り組むべき顧客課題が見えてきた。パッケージの革新である。薄力粉の袋パッケージには、ある種の常識が社内にはびこっており、「薄力粉は袋に入っているもの」といった先入観が根付き、若手社員が小容量のボトルパッケージを提案しても経営幹部たちは懐疑的であった。ところが、当然のこととして思い込まれていた紙パッケージを否定し、ボトルタイプのパッケージを市場導入すると、手軽に使える利便性が受け、たちまちヒット商品になった。

パッケージを袋タイプからボトルタイプに変更したことで、薄力粉は家庭内における置き場が変わり、調理場の全面に出てきた。消費者との距離は一気に短くなり、醬油や塩と同じような位置づけとなり、日々の料理で登場する機会も増えた。冷蔵庫から食材を取り出したり、ガスレンジを用いた料理をしたりするとき、「日清クッキングフラワー」が自然と消費者の目に入るようになったのである。料理のたびに想起されるので、当然、消費の機会は増える。棚の奥に置かれていて目につかない袋パッケージとでは大きな違いだ。

さらに袋パッケージの場合、小売り店頭では棚の下段に置かれることが多く、消費者は商品に気づきにくかった。購入目的を有する計画購買者にはいいが、非計画購買はほとんど期待できない。ところが、パッケージがボトルタイプに変わったことで、陳列場所が棚の下方から上方に移動し、胡椒やだしなどの調味料類に近づいた。薄力粉は日々の料理で用いる商品としてカテゴリー化され、消費者にとって商品そのものの意味変更に成功したといえる。

使い勝手という点も忘れてはならない。袋パッケージの場合、トレーや平皿に薄力粉を出して、ちょうど使い切ることはまずなく、どうしても無駄が生じてしまう。一度取り出した薄力粉を再び用いるのは難しいので、もったいないと感じていても残りは捨ててしまう。だが、ボトルタイプのパッケージであれば、必要な分だけ薄力粉を具材に振りかければよい。

パッケージの革新に成功すると、企業は消費者に提供する価値の向上を実現できる。価値の向上は、消費者が当該商品を購入する時点（購入価値）とその商品を使用する時点（使用価値）で検討できるが、「日清クッキングフラワー」のパッケージ変更では、両方の価値を高めることに成功した（石井・恩藏 2010）。ある商品がロングセラーになると常識が生まれ、商品の変更は難しくなる。ベースとなる味の変更はもちろん、パッケージの変更にしても同様である。「日清クッキングフラワー」の場合、消費者の声を真摯に受け止め、常識を打破することができていたならば、もっと早い時点でパッケージの革新は生じていたかもしれない。

## 4 業界の常識を打ち破ったセントラルユニ

顧客の顧客に目を向けることに成功し、業界構造を変革した企業に医療用設備機器大手の株式会社セントラルユニがある。同社は、手術室の設計や施工において従来の常識を覆す手法を用いて、手術室や病院運営のビジネスに大きな変革をもたらした（大平・寺崎・恩藏 2015）。

鳥取大学附属病院の手術室には、高級旅館をイメージさせるような「大山の間」や「日本海の間」などの名称がつけられている。「患者をもてなしてあげたい、不安にならずに入っていただきたい」という医師や看護師の思いを汲んで生まれたものである。「日本海の間」は日本海をイメージしてデザインされており、従来の手術室にはまずなかった、海が見える大きな窓が特徴だ。セントラルユニは、医師や看護師たちがあきらめていた課題に目を向け、ともに解決するという姿勢で、病院建設の構想段階から手術室の設計に取り組んでいる。

セントラルユニは、従来の業界構造をどのように再構築したのだろうか。最初に取り組んだのは、いわゆる自社の顧客の再定義であった。経営陣が社員を対象にヒアリングを行ったところ、自社の「顧客は誰なのか」を明確に理解している者が少なかった。多くの社員にとって、直接的な顧客はゼネコンであったが、医師や看護師を挙げる者もいた。社員によって意見が異なるばかりか、自信を持って回答できる社員は限られていた。

見解に相違が生じた背景の一つは、伝統的な業界特性にあった。例えば、手術室を利用するのは医師や看護師であっても、セントラルユニに手術室を発注し、取引をする相手はゼネコンやサブコンである。このため、視点をどこへ置くかで顧客の定義は異なる。2006年に着任した増田順社長は、社員との共同作業を通じて顧客の再定義にとりかかった。

## 「顧客の顧客」の視点からビジネスモデルを再構築

顧客の再定義において拠り所としたのは、セントラルユニの哲学「人間尊重・価値創造企業」である。徹底した議論の結果、新しいミッションとして「大切ないのちを守る環境づくりのお手伝い」を掲げ、「いのちを守るために働いている人たち」、すなわち医師と看護師を自社にとっての新たな顧客として定義した。業界の常識を打破し、従来からの顧客の先に位置する顧客に目を向けたのである。

顧客の明確化に続いて、ビジネスモデルの再構築と顧客への提供価値についての議論がなされた。自らの事業を設備工事業と考える旧来型社員は、安い価格での提供が第一であると信じていた。だが、新しいミッション「大切ないのちを守る環境づくりのお手伝い」のもとでは、価格の引き下げだけが価値の増加に結び付くわけではないことは明確であった。

そこで、「製品（モノ）を提供するだけではなく、病院で働く人の仕事（コト）をつくる」「セントラルユニの中だけで価値を残すのではなく、客先で価値を残す」「成果は顧客の満足となってあらわれる」といった3つの基本的な考え方が掲げられた。そして、これらの考え方に沿わない仕事は一切やめるという決断が下された。その結果、営業のプロセスや手法に大きな変革がもたらされた。

病院建設は約6年という期間に、基本構想、計画、設計の段階を経て、施工へと移る。

ゼネコン業者が選定され、いよいよ建設工事が開始されるタイミングで、医療設備品を納入する業者は、ゼネコンやサブコンに対して営業活動を行うのがこれまでの慣例であった。受注できるかどうか分からない基本構想、設計段階で営業活動をするのは非効率であると考えられているためだ。医療従事者にとって働きやすい環境を提供するためには、病院建設の基本構想段階から関与しなければならないとセントラルユニは理解していた。病院建設の基本構想段階から関与することにより、顧客の顧客であった医師や看護師のニーズに対応した製品とサービスの提供が可能になった。

### 新たな関係構築の「場」を設ける

新しいビジネスモデルの体現にあたって、セントラルユニが目をつけたのは、医師や看護師の主戦場ともいえる手術室である。医療の現場では、テクノロジーの進化の速度に病院設備が追いつかないという問題を抱えている。例えば、シャウカステンと呼ばれる映像装置がX線写真の診断のために広く用いられてきた。これはフィルムの後ろから光を当てて確認する装置であるが、現在では写真のデジタル化が進み、液晶ディスプレイを用いる病院が増えてきている。そのため一部の病院では、使われなくなったシャウカステンが壁にそのまま残されている。

手術の現場で日々変化する要望に対応するために、セントラルユニはフレキシビリティを高めた新しい手術室ユニットの開発を行い、ＦＬｅｘＤＯＣＫのブランド名で販売を開始した。電源ユニットや情報端末などがモジュール化されており、医師の好みや手術方式の変化に対応できる。電源コードやＬＡＮケーブル、医療用ガス管は壁の内側に収められ、取り回しの変更も柔軟に行える。もちろん、モジュール部分や配管等の変更も可能だ。技術的に古くなったモジュールを最新のものに取り換えられるので、手術室を最小限の投資で最適な状態に保つことができる。

いくら優れた製品を開発したとしても、顧客の顧客である医師や看護師にその価値が伝わらなければ意味がない。従来のビジネスモデルでは、セントラルユニと医師や看護師の間にゼネコンや設計事務所が入るため、彼らと直接コミュニケーションを取ることができなかった。もちろん、彼らの思いや希望を直接聞くこともなかった。

そこで、セントラルユニは、ショールームを使うという手法を考え、Mashup Studio（マッシュアップ・スタジオ）と呼ばれる新たな関係構築の「場」を建設した。Mash up とは「すでに在るものを混ぜ合わせて新しいものを創生する」という意味で、医師や看護師とともに価値を創造したいという願いが込められている。そこでは、手術室やICUなどの最新設備を実際に見てもらい、照明や空調、空間デザインなども体験してもらえる。3Dシミュレータもあり、平面図面から3D図を作成し、巨大スクリーンで実感してもらう。病院づくりのヒントになる情報システムも整っており、セントラルユニが携わった病院の映像データベースから、自らのイメージに近い病院を選ぶことができる。

セントラルユニの営業スタッフは、医師や看護師と病院建設について話し合う経験に乏しかったため、営業スタイルを急に変更させることが難しかった。そこで経営陣は、営業スタッフに対して「とにかくドクターをショールームへ連れて来い」と号令を出した。医師が学会や展示会などで都内を訪れる機会を狙い、自社のショールームへ足を運んでもらうという手法だ。経営陣の予想は当たり、訪問をきっかけにビジネスが成立するようになった。成功体験を重ねるにつれて、最初は半信半疑であった営業スタッフも、ビジネスモデルを変革することの意義を理解するようになっていった。医師をショールームへ招待する営業手法は成功をもたらすスタイルとなり、受注機会を増やしていった。

## †顧客の意識も変革させる

設計事務所やゼネコンが提案した病院パッケージを医師や看護師は「当たり前のものとして受け入れる」のが、従来の病院建設のあり方だった。病院建設を受注したゼネコンは、コストをできる限り低く抑えようとするので、医師や看護師の要望は二の次で、画一的な設計を優先させる傾向にある。こうした以前からの慣習を医師や看護師も当たり前として捉え、自分たちの思いや希望を病院建設にしっかりと反映させられるとは思っていなかった。セントラルユニが新しい価値提供を軌道に乗せるためには、医師や看護師の意識も変革させる必要がある。そこで、「医療空間とはそういうものだ」とあきらめている顧客の顧客に、「気づき」を得てもらうための取り組みを行った。

例えば、手術室の壁の色。手術中に血液の赤い色を見続けると、目をそらした際に壁が白色だと残像が残ってしまう。このため、手術室の色は昔から赤色の補色である緑色と決まっていた。だが現在では、腹腔鏡による手術が主流で、手術は明かりを消して行われることも多い。医者は必ずしも壁の色を気にする必要がない。それにもかかわらず、慣例で手術室の壁は緑色となり、関係者たちもそれを当たり前のものとして受け入れる。つまり、

「壁の色は緑以外もあり得る」ことに気づいていなかったのである。ところが、手術室の色は緑色だけではなく、好みに応じてオレンジ色でもピンク色でも選択可能なのである。マリンスポーツを趣味にしているある医師は、リラックスして手術に取り組みたいので、手術室の壁の色を海を連想させる青色にしたというエピソードがある。

手術室の空調も進化している。従来型の空調システムでは温度分布が不均一になりやすく、手術スタッフの快適さが損なわれてしまうという欠点があった。執刀する医師は照明の熱で暑く感じるため、温度調節は医師の快適性に合わせる。そのため、部屋全体の温度は下がり、周囲でサポートする看護師や麻酔科医にとっては冷えすぎてしまう。こうした空調の不快感は、これまで手術スタッフにとって当たり前と考えられていた。医療の現場には、「寒さに慣れることができれば、麻酔科の先生になれる」という冗談があるという。そこでセントラルユニは、手術室内のすべての人が快適に過ごせるように、輻射熱を利用した空調を開発した。同社のデモンストレーション室では実際に体感することができ、快適な手術環境の可能性に気づくことができる。

今では、セントラルユニをハブとして病院建設の構想が練られる。増田社長は、「顧客から『こちらの方が良いかな』という声では不十分である。『とんでもなく好きだ』と言わせることで顧客を味方につける。ユーザーを第一に考え、良い病院づくりをしたいという想いを、パートナーとしてのゼネコンと共有することを目標に取り組んでいる」と述べている。

セントラルユニの取り組みは医療関係者の間にも広く認知されるようになり、それに伴って営業成績は伸びていった。2014年度の手術室および集中治療室設備に関する受注数は約500室にのぼり、約7割の市場シェアを獲得するまでに至った。10年前と比較すると、同社の手術室／集中治療室システム事業の売上は約5倍。この事業の成長は、メインテナンスを含む周辺事業も拡大させ、同社の他事業の売上をも牽引している。顧客の顧客に目を向けることにより、セントラルユニは「設備工事事業」から「ファシリティ・プランニング・ビジネス」へ変貌をとげたのである。

第3章

# 市場志向と開発チーム

## †短期的な志向が企業の革新性を低下させる

アップルの「Apple Watch」や「iPad Pro」、テスラモーターズの電気自動車「Model S」、ダイソンの「コードレスクリーナー」など、近年、注目されている新製品の多くは海外発で占められている。消費者の間で話題になっているウーバー・テクノロジーズの自動車配車サービス「UBER」、Amazonの「Prime Music」、アップルの「iCloud」などといった新サービスも、海外企業によって開発されている。この数年だけで言えば、消費を牽引するような新製品や新サービスは、残念ながら我が国の企業からはほとんど生み出されていない。

日本マーケティング協会は毎年、「日本マーケティング大賞」を発表しているが、2015年には「マツダ新世代車種群とBe a driver. によるクルマ市場の活性化」、2014年には「道の駅」、2013年には「ネスカフェアンバサダー」、2012年には「AQUA SOCIAL FES!!」が選出されており、大型新製品や新サービスといった印象ではない。日本経済新聞が年2回発表している「ヒット商品番付」をみても、消費者の多くが話題にするような新製品や新サービスは少なくなっているようである。

既存製品のために新市場を開拓したり、既存製品に改良を加えたりすることは、企業にとってもちろん不可欠であるし重要でもある。だが、マーケティングの醍醐味はなんといっても新製品や新サービスによる新市場の創造であり、人々に感動や驚きをもたらすことにある。

日本企業は短期的な成果を意識しすぎており、コスト削減や効率化を優先し、組織として備えるべき志向を失い、新製品開発における革新性を低下させているのではないか。このような疑問に呼応するように、マーケティングでは市場志向の研究が進められている。

企業はどのような志向を持って新製品開発に臨むべきだろうか。最先端の技術に注目する企業は少なくない。同業他社に注目する企業もあれば、顧客に注目する企業もある。同業他社に目を向けるか顧客に目を向けるかでは、新製品開発の各ステップにおける取り組みにおいても、コミュニケーション活動においても、さらには営業活動においても違いが生じると考えられている。もちろん、それぞれのスタンスに長所と短所があるために、一概に何かに目を向ければ優れているなどとは断定できない。本章では、新製品開発において企業が有すべき志向について検討してみた。

## 1　市場志向の考え方

マーケティングでは「市場志向」と呼ばれる組織の姿勢に注目し、新製品開発のパフォーマンスとの関係について研究が試みられてきた。ワシントン大学のナーバーとコロラド大学のスレーターは、『*Journal of Marketing*』誌で市場志向という概念に注目し、その概念の測定尺度開発を通じて「顧客志向」「競争志向」「職能横断的（クロス・ファンクショナル）統合」という3つの次元を打ち出した（Narver and Slater 1990）。

**顧客志向**

顧客志向とは、顧客の行動やニーズに注意を注ぐことにより革新性を生み出し、顧客にとっての価値を高めていこうとする志向である。マーケティングの出発点は顧客にあるが、その顧客を見据えることを新製品開発における基本姿勢とするこの志向は、顧客を重視しようという今日のビジネスの潮流とも合致している。

もちろん、顧客志向といえども全面的に支持されているわけではない。顧客志向が強いことによって、革新性がむしろ阻害されてしまうだろうと主張する論者もいる。一般の顧客は新しい技術の可能性を知らない上に、現在の身の回りに存在している製品の延長で、新製品のアイデアを考えてしまう傾向にある。

幾つかの自動車メーカーでは、次世代自動車のコンセプト開発において、あえて顧客の声に耳を傾けない。通常の顧客は、「近未来」の可能性を尋ねられても、モータリゼーションの世界において何が実現可能になっていて、何が規制されようとしているのかなどについて理解していない上に、どうしても街中に走っている自動車に影響を受けてしまうからだ。しかし一般的に、顧客志向が新製品開発にもたらすメリットは、顧客志向によって引き起こされるデメリットを大きく上回るものと考えられている。

## †競争志向

新製品開発において、できる限り競争相手へ注目や注意を払おうとするのが競争志向である。今日、マーケティングは競争を抜きに論じることができなくなっている。多くの市場の成長は鈍化しており、限られたパイを巡っての競争が展開されている。そうした市場環境において、競合他社を抜きにして新製品開発は考えにくくなっており、競争志向の重要性はますます高まっている。

もちろん競争相手の中には、同業他社だけではなく、異業種に属する企業も含まれる。自社製品が同業の中できわめて優れていたとしても、同じ顧客課題をより有効に解決している異業種の製品やサービスが存在していたならば、長期的な顧客満足の獲得は難しいはずである。

競争志向を備えた製品開発では、他社の動きを察知するとともにベンチマーク的発想に基づき、他社への優位性を常に確保したいと願うはずである。こうした組織風土の中で生み出される新製品は、より革新的なものになりやすいと思われる。

### †職能横断的統合

職能横断的統合は、部門を超えたコミュニケーションや交流を重視し、組織の活力を高めようとする志向である。事務系と技術系の価値観は異なるだろうが、そうした価値観の異なるメンバーが交流すれば、一般に創造性は高まるというのである。部門や担当の枠を取り払って情報を共有し、最適解を求める開発スタイルを貫くことで、従来とは異なる革新的な新製品が生まれやすくなる。

二つの企業が合併するとき、それぞれの企業には独自の文化や価値が存在している。単に二つのメンバーを合体させるだけでは、むしろ不協和が生じてしまい、組織の生産性は低下してしまう。しかし、二つのメンバーを融合させ、混成チームが作り上げられると、大きなパフォーマンスが導出される。例えば、三越と伊勢丹が経営統合を進めたとき、それぞれが有していた法人営業の強みと特徴を補完しあいながら融合に成功している。経営統合をした当時、三越は長い歴史に裏付けされた強固な課題対応型営業を有しており、伊勢丹は後発としての勢いを備えた新規開拓型営業を有していた。そこで両者の経営統合では、それぞれの特徴を生かしながらシナジーが発揮された。部門を超えた統合には、新しい価値を生み出す働きがあるのだ。

## †顧客を立体的に捉え、将来市場へ向けて創造する

上記3つの次元を包括したものが市場志向である。市場志向に類似した概念として、「顧客主導」が知られている。市場や顧客に目を向けるという点ではどちらも似ているが、顧客主導では既存顧客を平面的に捉えるのに対して、市場志向では顧客を立体的に捉えよ

| | 顧客主導 | 市場志向（追加される視点や対応） |
|---|---|---|
| 対象とする顧客 | 既存顧客 | 潜在顧客 |
| 注目する顧客ニーズ | 明言されるニーズ | 学習されるニーズ |
| 対応スタイル | 受動的 | 能動的 |
| 主な目標 | 顧客価値の提供 | 顧客価値の創造 |
| 行動基盤 | 現実市場への対応 | 将来市場への対応 |

**図表8**　市場志向と顧客主導

うとする。

立体的というのは、目に映っている既存顧客だけではなく、将来といった時間的広がりを持った顧客の捉え方である。顧客主導では顕在顧客から受動的に学び、彼らのニーズの充足に結びつくような価値提供に主眼を置くのに対して、市場志向では潜在顧客にも能動的に働きかけようとするので、単に価値提供をするだけではなく、新たな価値創造にも力点を置いている。

顧客ニーズのタイプで両者を論じるならば、顧客主導では顧客が言葉で発言できる「明言されるニーズ」に注目するのに対して、市場志向では提供されてから初めて当該製品の価値を顧客が学ぶといった「学習されるニーズ」にまで踏み込んで注目する。両者の行動基盤を簡潔に対比するならば、前者は現実市場への対応であり、後者は将来市場に向けての創造であるといえる。いずれにしても、市場志向は顧客主導と対立する概念ではなく、顧客主導に新たな視点や対応が追加されたものと考えるべきである。以上の関係は、図表8にまとめられている。

## 2 日米における市場志向と新製品パフォーマンス

私の古くからの友人である延世大学のイム教授らは、米国ハイテク企業を対象とした調査で、市場志向と開発製品の創造性の関係を明らかにしている（Im and Workman 2004）。新製品の創造性のレベルを多次元的に捉えるために、彼らは創造性という変数に代わって新製品新奇性と新製品有用性を採用している。顧客にとって製品が新しくて珍しい場合には「新奇性」が高く、顧客が求めており役に立つという場合には「有用性」が高い。

彼らの分析結果によると、顧客志向は新製品新奇性にマイナスに働き、新製品有用性にプラスに影響していた。顧客志向を高めると、新製品有用性には有効であるが、新製品新奇性はむしろ低下してしまうというのだ。競争志向は新奇性にのみプラスに作用しており、

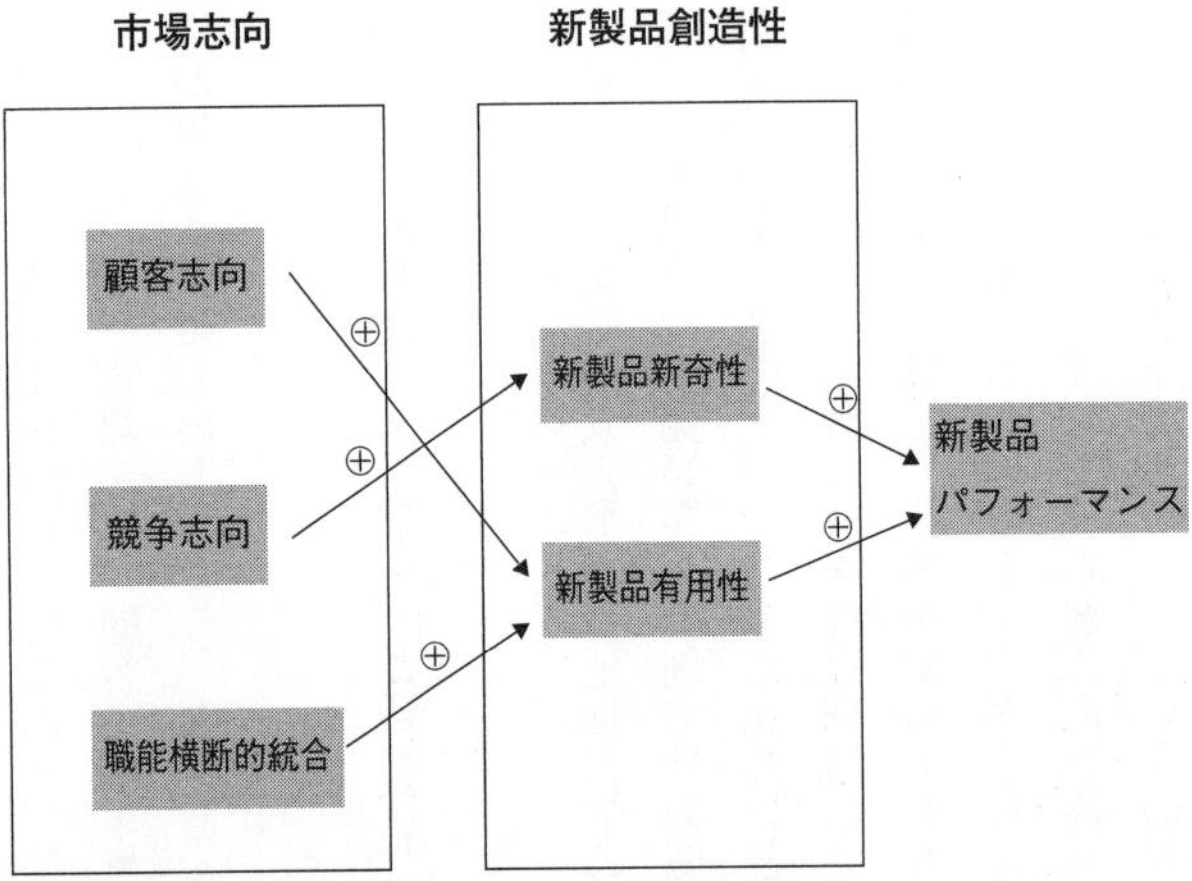


図表9　我が国における市場志向と新製品パフォーマンス

職能横断的統合は新製品新奇性と新製品有用性の双方にプラスに影響していた。新製品新奇性も新製品有用性も新製品の売り上げや市場シェアといった新製品パフォーマンスにプラスに影響を有しているので、米国における市場志向は、新製品の新奇性や有用性を媒介として新製品パフォーマンスに貢献していることになる。

日本ではどうだろうか。我が国の大手ハイテク企業85社を対象とした調査によると、顧客志向と職能横断的統合は新製品有用性へプラスに結びついており、競争志向は新製品新奇性にプラスに結びついていた（図表9）。つまり、顧客志向、競争志向、職能横断的統合のそれぞれを強めることで、新製品新奇性か新製品有用性のいずれかが高まることになる。そして、新製品新奇性と新製品有用性は、どちらも新製品パフォーマンスへプラスに結びついている（恩藏 2008）。

日米での調査結果を単純に比較することは難しいが、アメリカで導かれている顧客志向と新製品新奇性のマイナス関係を除くと、他のメカニズムは日米でほぼ共通している。つまり、市場志向が新奇性と有用性を媒介して新製品パフォーマンスを引き上げるというメカニズムは、国を超えて有効に働いていることになる。

## †新製品開発における鍵概念

日本企業は新製品開発における大胆さを失い、コスト削減や既存ブランドのテコ入れなどの手堅い選択肢を優先し、新製品開発における勢いを低下させているのではないだろうか。近年の日本企業をみていると、このような仮説が浮かびあがってくる。新製品開発の活力を引き上げ、革新的な新製品を生み出すためには、新製品開発をめぐってのメカニズムの理解が必要である。こうしたメカニズムを理解する上で、本章で取り上げた市場志向の概念は重要な鍵の一つになるものと思われる。

市場志向と製品開発に関する研究は、その後も数名の若手研究者とともに進めている。

我々はすでにいくつかの研究成果を発表しているが、日本商業学会の論文誌『流通研究』では、ナレッジマネジメント・アクティビティという概念を市場志向から製品パフォーマンスに至るプロセスの一つとして位置づけ、市場志向が企業に高い成果をもたらすメカニズムを解明している（岩下・石田・恩藏 2014）。ナレッジマネジメント・アクティビティとは、「チーム内外から情報を収集し、それらの情報を組み合わせ、さらに融合させながら価値あるナレッジへと昇華させようとする諸活動」である。

ハイテク企業76社を対象とした分析によると、顧客志向と競争志向はナレッジマネジメント・アクティビティと逆U字の関係にあり、職能横断的統合はナレッジマネジメント・アクティビティとU字の関係にあった。そして、ナレッジマネジメント・アクティビティは商品品質優位性、商品差別化を媒介として経済成果へと結びついている。

この分析結果は、顧客や競合他社に目を向けすぎることにより、他のメンバーへの配慮を忘れてはならないと示している。例えば、新製品開発チームはデザイナーや研究開発者の意見などに耳を傾け、他部門からもたらされる情報との融合やすり合わせを重視すべきであることを示唆している。つまり、ナレッジマネジメント・アクティビティの強化により、新製品パフォーマンスを高めたいと考える企業は、顧客や競合他社に目を向けるだけで満足してはならない。また、ナレッジマネジメントが新製品パフォーマンスを引き上げるメカニズムに組み込まれているという分析結果により、組織としてナレッジの収集や融合といった活動に積極的に取り組むべきである点が明らかになった。マーケティングの研究は日々進歩している。企業はそうした研究の成果を正しく理解し、新製品開発などの組織活動に反映できたならば、企業成果を着実に改善できるはずである。

## 3 新製品開発チームの特徴

### 強い開発チームは何が違うのか

技術力に違いがなくても、新製品開発チームの特徴によって、生み出される新製品は大きく異なる。創造的な新製品を生み出しやすい開発チームもあれば、そうした新製品をなかなか生み出せない開発チームもある。日本企業が技術力で劣っているとは思えないが、アップル、テスラ、ダイソンなどの海外企業は、日本企業よりも創造的な新製品を次々に生み出している。生み出される新製品の違いは何に起因しているのだろうか。

この数年、注目されている企業の一つにBMWがある。「Xシリーズ（SUV）」や「1シリーズ」における成功はもちろん、2011年には炭素繊維強化プラスチック製の車体からなる電気自動車「iシリーズ」を市場導入している。同社では伝統的な組織の階層性を取り除き、マネジャーと一般従業員との壁を引き下げ、マーケター、技術者、デザイナーなどさまざまな専門家たちで構成される開発チームを採用している。こうした開発チームの特徴は職能横断的統合と呼ばれるが、新製品開発チームにおける職能横断的統合の重要性についてはすでに述べている。

ところが、職能横断的統合がどのような条件下において組織にしっかりと根づき、そして新製品開発に有効に機能するのかという点について、これまで十分に議論されていない。職能横断的に統合された開発チームには、マーケティング、企画、デザイン、営業、研究開発など異なる領域からのメンバーが参加するので、当然のことながら価値観や使用言語はメンバーによって一様ではない。

一般に、営業領域の人間は相対的に短期志向で、あいまい性に対して寛容であるが、研究開発領域の人間は相対的に長期志向で、あいまい性を受け入れ難いようである。いくら

| 組織変数 | 特徴 |
| --- | --- |
| 社会的凝集性（結束力） | チーム内における良好な人間関係 |
| 組織的志向性（突進力） | チーム全体としての目標達成努力 |
| 集団的自律性（自治力） | チーム全体としての自由度 |

図表10　新製品開発チームに求められる組織変数

職能横断的な統合を取り入れたとしても、開発チームを適切にマネジメントできなければ、効果をもたらすどころか、むしろコンフリクトを生み出してしまったり、非生産性を招いてしまったりする。

そこで、開発チームにおける職能横断的統合の有効性を引き上げる3つの組織変数に注目し、各企業が新製品開発の成果を高めるための基盤について検討してみた。取り上げた組織変数とは、図表10に示した「社会的凝集性（結束力）」「組織的志向性（突進力）」「集団的自律性（自治力）」である（恩藏 2010；恩藏・石田 2011）。

### †社会的凝集性（結束力）

サッカーや野球などのスポーツ・チームにおいて、しばしば「結束力」という言葉が用いられる。厳しい試合を勝ち進んでいくためには、チーム・メンバー間の人間的な結びつきが必要であり、一人のミスを全員で受け止め、リカバリーしていこうとする意識が求められる。スポーツ・チームにみられる結束力のようなものが新製品開発チーム内においても生まれていたならば、チーム内で働く人々は良好な雰囲気を維持でき、居心地が良くなる。こうした組織変数は、製品開発論において「社会的凝集性」と呼ばれており、チーム内のコンフリクトを解消し、さまざまな障壁を取り除き、情報共有を進めてくれる。結束力が強いことによってメンバーが抱くポジティブな感情は、職能固有ともいえるステレオタイプ的な特性を緩和する働きがある。

多くの企業において採用されているジョブ・ローテーションは、意図的にある特定組織のメンバーを入れ替えることで、メンバー間の心を打ち解けさせるというプラスの効果をもたらしやすい。複数部門のメンバーによって新製品開発を進めようとするならば、良好な人間関係の構築は最低限の条件といえる。とすれば社会的凝集性は、職能横断的統合を実現する上できわめて重要な変数として働くものと思われる。

もちろん社会的凝集性に問題がないわけではない。あまりにも強くなりすぎると、チーム外の視点を完全に否定したり、チーム内のコンフリクトを回避する姿勢が蔓延したりするなどの弊害もある。いわゆる集団浅慮の罠であり、検討すべき本来の課題が疎かにされてしまう危険性だ。社会的凝集性は創造的な新製品の開発に結びつきやすいので、集団浅慮の罠に注意していたならば、新製品開発チームにとっての貢献は少なくないはずである。

## 組織的志向性（突進力）

チーム力を左右するのは「結束力」だけではない。サッカーや野球のチームにはさまざまなポジションがあって、スペシャリストたちの集団として構成されている。それだけに、時としてメンバー間に摩擦や軋轢が生じかねない。同様に、新製品開発チームも専門家たちから構成されており、チーム内に不協和音が生じたり、メンバー内の情報の流れが妨げられたりしたとしても不思議ではない。

そこで開発チームには、結束力とともに、メンバー間にチームとしての「突進力」が必要となる。結束力がメンバー間の対人関係に焦点を当てているとするならば、突進力は目標達成に向けてのコミットメントに焦点を当てている。突進力が生まれることにより、目標達成に向けての推進力が生まれ、個人ではなくチーム全体としての成功にこだわるようになる。製品開発論では、この種の突進力を組織的志向性と呼んでいる。

チームの突進力が強くなれば、新製品開発チームの各メンバーは、自らの出身部門の利益代表という意識を捨て、新製品開発チームの成功を第一に考えるようになる。出身部門の意識が強すぎると、どうしてもチームとしての力は発揮しにくい。こうした傾向は、開発チームに限ったことではなく、われわれの身の回りのさまざまな組織やチームにおいても確認できるはずである。

### †集団的自律性（自治力）

新製品開発チームの多くは、組織全体から切り離された独立組織ではない。一般的には、開発チームの上には事業部があり、さらに事業本部などと呼ばれるより上位の階層があったりする。開発チームに「結束力」や「突進力」が備わっていても、別の組織から横槍を入れられたり、上位組織からのコントロールが厳しかったりすると、どうしてもチームとしての勢いは削がれてしまう。スポーツの世界でも、似たような現象が知られている。チームのオーナーが現場の取り組みに口を出し過ぎると、現場のモチベーションが低下してしまい、かえって成績は下がってしまう。新製品開発チームが健全に機能するためには、チーム全体として一定の自由度が保障され、自分たちで運営することのできる「自治力」が必要なのだ。

チームに自己管理が任せられていると、メンバーのモチベーションが高まり、組織に協力したいという気持ちは高まる傾向にある。また、自治力の高いチームであると、重要なタスクを任せられているのだという意識をメンバーに与え、当該チームに割り当てられたメンバーは自尊心を抱くようになる。こうした自治力は、製品開発論において「集団的自律性」と呼ばれている。

新製品開発担当者への調査によると、開発チームの集団的自律性が進んでいると、職能横断的協働が加速されやすいし、マーケティングやデザインなどの部門を超えたメンバー間で、より密な情報交換がなされるという（Jassawalla and Sashittal 1998; Ende and Wijnberg 2003）。これらの調査結果が示しているように、職能横断的に統合された開発チームを有効に機能させる上で、集団的自律性は社会的凝集性や組織的志向性とともに重要な組織変数なのである（図表11）。

冒頭で述べたBMWの他にも、サムスン電子、ワールプール、P&Gなどにおいて、職能横断的に統合された新製品開発チームは採用されており、こうした企業は成熟化した厳しい競争市場において創造的な新製品を市場に送り出している。新製品開発チームにおける職能横断的統合の効果は、今回焦点を当てた3つの組織変数だけではなく、報酬システ

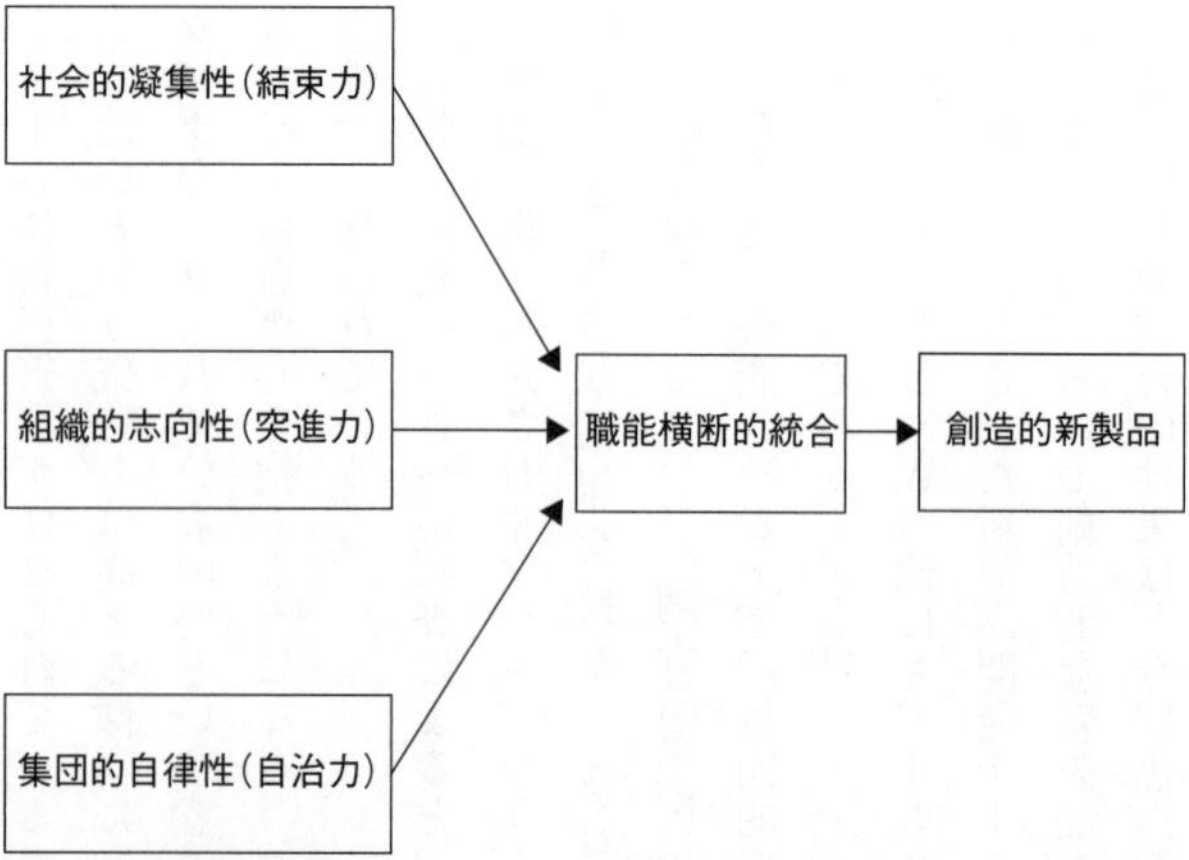


**図表11**　創造的な新製品に結びつく３つの組織変数

ムやリーダーのリスク・テイキング姿勢などによっても左右される。こうしたメカニズムの更なる解明や理解は、私たち研究者に課せられているテーマだといえる。

近年の新製品開発において、他社とのコラボレーションも注目されているが、これは組織を超えたある種の統合と捉えることができる。とすれば、職能横断的統合に関する知見は、新製品開発におけるコラボレーション研究の基盤としても役立つはずである。

## 4　市場志向によるインプレッサの開発

## †3代目開発での反省点

『PRESIDENT Online』の連載「実例から学ぶマーケティング概論」で、スバルのインプレッサの開発に関して、プロダクトゼネラルマネジャー竹内明英氏にインタビューをさせていただく機会を得た（恩藏 2012）。当時、多くの自動車会社が、欧州危機や世界的な景気減速に苦しむなか、富士重工業は順調に売り上げを伸ばしていた。同社が重視するアメリカ市場において、新型のインプレッサ、レガシィ、BRZといった車種がヒットしていたからだ。

２０１１年の震災によって、インプレッサの市場導入は当初の予定より遅れたが、導入されるとグローバルでの生産計画を大きく上回り、増産の対応に追われた。２０１２年の前半には、国内での納車に3カ月以上もの待ちが生じるほどだった。BRZについても、やはり納車までに4カ月もの待ちが生じていた。

竹内氏は、スバル躍進の一翼を担っているインプレッサの3代目と4代目の開発を統括した人物である。２００７年に市場導入された3代目インプレッサでは、「新しいデザインで、おしゃれ感覚を持ったハッチバック」というテーマを掲げた。それまで、ステーションワゴン系のボディスタイルだったものを、欧州テイストのハッチバックというデザインに変更するとともに、サスペンションやプラットフォームを刷新し、走りの質感を向上させた。乗り心地がよくて、上質かつスタイリッシュなコンパクトカーを目指した結果だ。

ところが、3代目の売り上げは期待外れだった。燃費面での改善が不十分で、エンジンやトランスミッションも従来型の改良にとどまっていた。環境意識の厳しい時代に突入してきているなか、対応に出遅れたと竹内氏は振り返っている。競合他社では、CVT（無段変速機）、5速や6速のオートマ車を投入していたが、3代目インプレッサでは進化したイメージを打ち出せていなかった。スタイルやデザインは悪くはなかったが、「機能や顧客価値という面で、合格点には到達していなかった」と反省した。

例えば、荷室の容積を見てみよう。コンパクト化を推し進めたため、設計上どうしても床が上がり、荷室が圧迫されてしまった。しかし、狭い荷室を回避するために、もっと努力できたはずであると竹内氏は述べている。従来のインプレッサは、ステーションワゴン風だったので荷室が大きかった。それをコンパクトにしたため、荷室が狭くなり実用性能を落としている、という悪いイメージにつながってしまった。

内装の質感でも、顧客からの指摘を受けた。円高などによってコスト削減が迫られていたこともあり、一部の内装の材質やデザインにおいて見切ったからだ。安くてデザイン的に美しければ売れるだろうと考えていたが、安くても質感が高くない自動車は支持されないのである。

## 失敗の教訓を活かす

3代目インプレッサで得た教訓は、4代目インプレッサの開発で生かされた。竹内氏は、開発メンバーと開発体制を見直すとともに、顧客の声をしっかりと反映させるというチーム内の雰囲気を大切にした。プロジェクトメンバーは、北海道や大阪など日本全国に出かけていき、とにかく顧客の話を聞くように心がけた。顧客の話を聞く場合には、企画担当者だけではなく、デザインや開発メンバーにも加わってもらった。

「3代目インプレッサの開発時は、私が初めてこういう仕事をしたということもあり、無我夢中、暗中模索でした。既存の組織がある中へ、私がそのまま浸かってしまったような仕事の進め方。全体を見る余裕がありませんでした」と振り返る。ところが4代目の開発では、開発のフェーズを熟知しているとともに、3代目での反省を踏まえ、顧客からの発言をしっかりと理解できるようになっていた。いつ何を言われるのか、何に応えるべきなのかについて整理できており、竹内氏自らストーリーを展開できるようになっていた。製品開発のリーダーに、市場志向が備わったといえるだろう。

開発メンバーについてもリクエストをしている。竹内氏は、開発プロジェクトが非常にタフな取り組みであることをしっかりと認識していたので、メンタル面で強い人間にこだわった。積極的に主張ができ、納得するまでしっかりと議論できる人材を各部門に頼み込んで出してもらった。一つのチームとして市場導入まで一丸となって取り組んでいくので、4代目の開発を行うなら、どのような人物と取り組みたいかというイメージができていたのだ。プロジェクトチームの総勢は50名程で、生産、企画、設計、購買、品質保証、販売、用品などから集められた。そのうち、中核メンバーとして動いていたのは20〜25人ぐらいである。

### ✝市場志向に基づく4代目開発

4代目インプレッサの開発で竹内氏がいちばん強調したのは、プロジェクトチームのメンバーが「お客さま目線」になり得るかどうかという点である。「インプレッサはいわゆる身の丈商品。サイズ、値段も含めて自分で買いたくなる車か、そういうマインドを持っているかどうか」という問いをメンバーへ常に投げかけた。この点は、3代目の開発と大きく異なっていた。候補が複数あった場合、自分が顧客であったらどちらを選ぶのか。こうした議論を部門の壁を越えて行うなど、プロジェクトの運営も変化し、メンバー皆が顧客になるという雰囲気になっていた。

設計にあたっては、開発当初から顧客への説明を念頭に置いて図面を引いた。常に顧客目線で進めていたので、設計の過程で誰かに理由を求められても的確に答えることができた。人々にとってわかりやすい製品という点にもこだわった。自動車という製品では、メカニックについて説明すると、一部のマニアには支持される。しかし、台数を売るためには、一般顧客にわかりやすい製品でなければならない。そのために、誰にでも説明できるわかりやすさが追求されたのである。

「今、行っている仕事は、何につながるのか説明してくれ」という問いを繰り返してきたので、開発過程でのブレは生じなかった。開発途中で横やりを入れられても、理路整然と考えていたので、社内の他の人々に対しても明快に説明できた。

運転席回りの物入れの大きさや形状は初期の設計段階で決められる。その際、「自分が自動車を運転するときに、いつも身につけているものをどこに置くか」とメンバーに尋ねてみた。もちろん個人差もあるが、一定の傾向はある。男性であれば、お尻のポケットに入れている携帯電話や財布などは、掘り込みになっているドアの内側の手をかけるところに置いたりする。「だとしたら、入るサイズになっているか」「みんなの財布入れてみてくれ」「入らないではないか。それではダメだ」と言って、サイズを直したりした。ボトル型のガムを買ってきて、そこに入るか確認をしたこともあった。「入らないので、あと5ミリなんとかしてくれ」などと言いながら、スペースとデザインの整合性を取ったりした。

設計メンバーには、「1本の線の意味を考えて引け」という指示をした。線を引くときに、「あのディーラーさんの発言」「あの奥さんの顔」、それらを思い出して引いたのかどうかを確認した。そうすることで、初めて設計が生きてきたと竹内氏は振り返っている。

アメリカの消費者は、大型スーパーで買い物した商品を自動車に載せる。その時、容積が何リッターであるか、先代モデルより何％増えたなどと訴えるよりも、「カート2つ分の商品が入る荷室が特徴です」というと、ほとんどの顧客は「ワオ、すごい」とすぐに理解してくれる。米国の販売会社にプレゼンテーションするときにも、そういった実体験に基づいたベネフィットを示した方が明らかに有効であった。

日本や欧州向けのモデルでは、パンク修理キットの採用を前提としてスペアタイヤを外した。格納スペース分を荷室の容積に向けられないかと考えたからだ。もちろん、スペアタイヤを外してもいいのか、パンク修理キットで十分かなど賛否両論の議論があった。そのときも、判断基準は顧客に求めた。スペアタイヤがあることと、荷室が広くて多くのものを積めることのどちらが顧客は嬉しいのだろうか。多くの顧客はスペアタイヤよりも荷室を選んだ。もちろん、一部の海外市場によってはスペアタイヤが義務になっているため、そうした市場では床面を下げることで対応した。

競合他社に対してスバルが有する優位性は、低重心のパワーユニットと独自の水平対向エンジンである。そうした特徴を持ちながら、価格的には他社のFF車と同水準に設定した。四駆だからいくらか上乗せするというのではなく、「競合と比べてリーズナブルな価格で買える。しかも、水平対向エンジンだという価値がある」と意識した。価格設定面でも、常に顧客の立場で考えることを貫いたのである。

自動車の開発リーダーを2度にわたって経験することは稀である。それだけに、竹内氏の経験やコメントには、マーケティングを研究対象とする者にとって示唆に富むとともに重みがある。しかも、竹内氏の変化は市場志向という枠組みで説明がつき、市場での成果にもしっかりと結びついた。竹内氏の経験は、マーケティング発想の重要性を示している

| | 3代目の開発時 | 4代目の開発時 |
|---|---|---|
| 仕事での姿勢 | 無我夢中 | 全体を見渡せる余裕 |
| 顧客の発言 | 表面的な理解 | しっかりと受け止める |
| 開発フェーズの流れ | 暗中模索 | ストーリーとして理解 |
| 開発時の目線 | 作り手目線 | お客様目線 |
| 開発チーム | 既成のチーム | 一丸となれるチーム |

**図表12**　3代目と4代目の違い

と同時に、マーケティングは学ぶことができ、それによって組織を成長へと導くことも示している。3代目と4代目の開発時における竹内氏の姿勢や意識の違いは、図表12にまとめられている。

## 行司役としてのスバルグローバルマーケティング本部

4代目インプレッサの成功を語る上で、もう一つ忘れてはならない点がある。プロジェクトチームの人員構成は基本的に変わっていないが、3代目インプレッサが市場導入された後、2008年にスバルグローバルマーケティング本部（SGM）という組織が新設されている。本社販売企画部門と開発部門の橋渡し的な存在で、それまでのマーケティング部門を吸収してつくられた組織である。SGMのメンバーは、コンセプト開発の初期段階から、マーケティング と営業の双方の観点から、開発部門にさまざまな申し入れをする。

3代目の時には本社の商品企画チームが存在していたが、どうしても「作り手側」の発言になっていた。3代目までは営業部門と開発部門が対話を直接していたが、4代目では両者の間にSGMのメンバーが入り、営業側の事情を踏まえつつ、開発側の事情も理解しながら進められた。結果、「これを採用しよう」「その分の原価は販価に反映しよう」などのように、関連箇所のコンセンサスを取りつけながら4代目のコンセプトがまとまっていった。

社内において対立構造になりやすい部分において、「他社の競争力から見ると、販売価格を上げてでも、この部品を入れなくてはならない」「お金がかかっても、燃費を改善しなくては」といった視点での調整役を果たした。台数を売りたいので安くしたい営業部門と性能面にこだわる開発部門に、中立的な行司役が入ったことで、開発作業が円滑に進むようになったのである。

逆に、作り手側の都合で、時間がなくて原価目標が厳しい場面でも、「燃費というのは、お金が取れる時代。お金をかけてでも、リッター何キロという数字を出してほしい」と伝える。原価を反映できるようになり、「お金をかけて開発するから頼む」ということが組織的に可能になった。

開発側が顧客の生の声や営業側の意見を聞くのは重要である。営業側のマインドが高まらないと、たとえ優れた製品でも売り上げは伸びない。営業側も開発側も、一緒に意識を高めなければならず、そうした仕組みが4代目の開発から適切に機能したのである。3代目の時には、社内で何らかのクレームがあると、すぐに「作り手を呼べ」となり、開発チームが行って怒られるという図式もあった。しかし4代目では、「一緒に肩を組んで階段を上がろう」といった動きができた。

もちろん、仲介役となるSGMは、営業と開発の両方から嫌われてしまう局面も出る。しかし彼らは、市場動向などに関する豊富なデータを有している。そうした客観的な裏付けがあるからこそ、「営業の言い分はおかしい」「開発部門だって、もう少し努力してほしい」などと主張できるのである。

### †部門間の橋渡しをする組織

SGMのリーダーは、営業の最先端で活躍したことがあり、市場動向に詳しい人でなければならない。そうした人物でなければ嫌われ役を果たせない。ＳＧＭという組織ができる前から、本社側に商品企画のセクションがあり、営業出身の人材が似たような役割を担っていた。

つまり、新しく組織を立ち上げたために有効に機能したのではなく、そもそもマインドや発想を有する人物を動きやすくしたと考える方が正しいだろう。何かを盛り込む際や、お金がかかる販価計画を立てる際など、ステップを踏みながら進むので関係者皆が納得できるようになった。

「実際、４代目の開発においてＳＧＭは粘り強く交渉をしてくれた」。竹内氏は当時を振り返っている。開発側から営業側に直接訴えたならば、喧嘩になってしまうところを、「競合はこうなので、うちに足りないのはこれだ。このコストを認めてほしい」と何度も細部まで詰めてくれたという。開発チーム側としては目標が明確になり取り組みやすくなり、営業部門との橋渡しをきちんとしてくれる人々の存在が、竹内氏率いる開発チームの変化とともに、４代目成功のもう一つの鍵であったと言っても過言ではないだろう。

前社長が中期経営計画を出したとき、顧客視点での製品開発の具体的な施策の一つとして、ＳＧＭは間に立つ組織という方針で生まれた。したがって、社内的にも存在感を有していた。以前において全くなかったわけではないが、開発チームと本社にいる人たちとのコミュニケーションは密ではなかった。

ところが4代目からは、本社の商品企画担当が開発チームの動きを常に察知できる体制になった。デザインなど何か進展があったときには必ずSGMを呼び、説明して理解してもらってから「では、次のステップに進もう」という流れになっていった。従来は、定期的な評価会で良し悪しを判断し、次のステップに進んでいたが、今は事前に担当者レベルで詳細まで詰めておき、評価会の時点にはすでにわかっている話を確認しあうというスタイルに変化していった。

第4章

# ホワイトスペース戦略

## †何を目指して成長するか

よほど順調でもない限り、長期にわたって変化を求めず、現状を維持していたいと考える経営者は少ないはずである。株主をはじめとする利害関係者からの圧力、経済社会における組織としての存在感の維持と向上、経営者としてのプライドなど、理由はいくつかあるだろうが、多くの経営者は自らの組織の成長と発展を目指して日々努力をしている。

キリンビールが医薬事業やアグリバイオ事業などの多角化に乗り出したころ、ダイヤモンド社『DIAMONDハーバード・ビジネス・レビュー』誌のヒアリングで、榎本良夫取締役アグリバイオ事業部長からお話を伺ったことがある（恩藏 1994）。その折、今でも鮮明に覚えている発言がある。

それは、「キリンビールは優良なビールメーカーとして、今後50年、そしてそれを超えて存続していく自信がある。しかし、ビールメーカーとして存在するのであれば、ビール市場が拡大しない限り、わが社は経済社会において次第に相対的重要性を失っていくだろう」である。

経済の発展とともに企業が成長しなければ、仮に現状の売り上げ規模を維持し続けていたとしても、相対的な重要性や存在感は次第に失われてしまう、という内容の主張である。当時、すでにビール市場は成熟化し、将来における市場の成長はあまり期待できないばかりか、ワインや焼酎など他のアルコール飲料に押されつつあった。

榎本氏が例として挙げてくれた清酒メーカーの推移を辿るとわかりやすい。清酒メーカーは蔵元などとも呼ばれ、戦前には地域経済における非常に重要な地位を占めていた。しかし、戦後の経済発展とともに清酒市場が拡大することはなく、蔵元の影響力は次第に低下していった。国税庁統計年報書によると、昭和41年における清酒の生産量は125万7000キロリットルであったが、平成5年には100万キロリットルを割り、平成20年には48万8000キロリットルにまで低下している。それでも、多くの清酒メーカーは優れた日本酒を開発し続け、今日に至るまで優良な清酒メーカーとして存続している。

キリンビールとしては、当時、大きく分けて2つの選択肢があった。一つは、清酒メーカーのように優良なビールメーカーとして存続していくこと、もう一つは、ビールの枠にとどまらず新しいビジネスに乗り出し、経済社会における組織としての相対的重要性を維持していくこと、である。当時のキリンビールの経営陣は後者を選択し、医薬事業やアグリバイオ事業などに乗り出すという意思決定に踏み切ったのである。

# 1　成長の方向性を整理する

## †成長マトリクス

　ある企業が成長や発展を目指し、新しいビジネスに乗り出そうとするとき、我々は長い間、成長マトリクスという枠組みを用いて整理を試みてきた。新しいビジネスが、既存市場内での取り組みなのか新市場に乗り出しての取り組みなのかという縦軸、提供内容が既存の範囲内であるのか新しい内容なのかという横軸により、2×2のマトリクスを作成し4つのベクトルで検討しようというものだ。4つのベクトルとは、市場浸透、新製品開発、市場開拓、多角化であり、マーケティングの基本テキストでは必ず取り上げられている。

　大学を念頭に置いて、4つのベクトルについて説明してみよう。18歳人口が減少するとともに、学力の低下が問題視されるなど、我が国の大学を取り巻く環境は大きく変化している。クアクアレリ・シモンズ（QS）世界大学ランキングやタイムズ・ハイヤー・エデュケーション（THE）世界大学ランキングなどの国際的な大学ランキングが注目されるようになり、単に国内だけの競争にとどまることなく、言語の異なる大学間での国際競争が意識されるようになっている。また、文部科学省は２００８年に、２０２０年をめどに海外からの留学生30万人の受け入れ計画を打ち出した。日本の各大学は、さらなる発展や存続を目指して、さまざまな取り組みを余儀なくされている。

## †市場浸透

市場浸透では、既存の市場と提供内容のままで成長や発展を目指そうとする。学部や学科を新設することはせず、また従来からの受験層を大きく変更することもない。学生をしっかりと教育し、優れた人材を社会へ送り出し、大学の名声を高めていこうとする大学は少なくない。そうした大学は、必修科目、選択科目、単位数などを見直し、時代に即したカリキュラムで、学生たちのニーズから外れないための努力をする。それだけではない。オープンキャンパスを実施し、高校生やその父母をキャンパスに招き、教育方針や施設の充実などについての説明を行う。高校に教職員が出向き、大学の魅力について訴える。市場浸透の取り組みは、既定路線の延長上での努力であり、リスクが低く成果も期待しやすい。地味ではあるが、組織が成長や発展を目指すうえで、真っ先に検討すべきベクトルといえる。芸術や医学などの単科大学だけでなく、多くの総合大学でも、この市場浸透の可能性をまず検討するはずである。

### †新製品開発

大学における新製品開発は、新学部や新学科の開設にあたる。

2000年以降、「国際性」をキーワードとする学部や学科が新設されている。経済面や社会面でのグローバル化に伴い、グローバル化した世界を生き抜く力を備えたグローバル人材への必要性が高まっているからだ。

国際性を特徴とする新しい学部や学科では、授業の多くをあるいはすべてを英語などの外国語で実施したり、在学中に海外への留学を必修としたりしている。国内にいながらにして、世界各国から集まった外国人留学生とともに学べるという環境も魅力的である。そうした学部で学んだ学生は、優れた語学力を身につけているとともに、国際感覚や異文化に対応できる視野を備えており、現代社会が抱えるさまざまな課題解決に向けての大きな戦力として期待されている。

ところで、何をもって「新しい」と判断するのかという問題がある。iPhoneが初めて市場導入されたときのように、世の中にとってまさに新しい製品がある一方で、自社にとっては新しくても、すでに他社による類似製品が市場には存在しているということもある。もし狭く捉えるならば前者が新製品となるだろうし、広く捉えるならば後者も新製品に含めてもよいだろう。成長ベクトルは自社の成長を整理するという視点で用いる枠組みなので、一般には新製品を広く捉え、自社にとって新しい製品(提供物)であれば新製品開発として位置づけている。

**†市場開拓**

大学における市場開拓は、留学生や社会人の取り込みと考えてよいだろう。従来からの教育プログラムを大きく変更することなく、新しい市場の開拓は不可能ではない。高齢者社会が進めば退職後の人々に再び大学で学んでもらってもいいだろうし、学生獲得の市場として経済発展を遂げつつある新興国を狙ってもよい。

市場開拓におけるキーワードは、年齢や所得や性別といったセグメントを超えるか、国境を超えるかである。国内における18歳人口が減少し、進学率が頭打ちになっており、多くの大学にとって、学生の安定的な獲得は喫緊の課題となっている。定員割れを引き起こさないという前提とともに、自学のアドミッションポリシー（入学者の採用方針）に合致した学生を獲得したい、学生の学力を維持したい、と考える大学は少なくない。

## †多角化

最後は多角化である。一部の大学は、新しい市場に向けて新しい価値の提供で成長を実現しようと試みている。付属の高等学校や中学校を設立したり、ビジネススクールのような専門職大学院へ乗り出したりすることは、大学の多角化事例として理解してよいだろう。従来からの18歳人口ではない人々を主たるターゲットとしており、教育プログラムも既存の学部学生を対象としたものとは異なっている。

ところで、医学部を持たない大学が医学部や音楽学部を創設したら新製品開発になるのだろうか、あるいは多角化になるのだろうか。主として18歳人口に対する新しい教育プログラムと考えれば新製品開発になる。しかしながら、他の学部と比べて学費は高く設定されており、そうした学部を目指す人々は他の学部を目指す人々とは全く異なるセグメントであるとするならば、新市場を狙った取り組みであると考え多角化と捉えてもよいだろう。

予備校などでも多くの場合、医学部や音楽学部は他の進学コースとは切り離し、異なるコースとして提供しているようである。

### †成長マトリクスの限界

以上みてきたように、成長マトリクスは、私たちが組織の成長を議論するとき、どのような方向性の議論が必要なのか、どのような方向に向かって組織が成長しているのかなどについて、共通認識を得る上での重要なツールとして機能する。議論そのものの効率を引き上げてくれたり、議論に参加しているメンバーの頭を整理してくれたりするからだ。しかしながら、ＩＴ環境の変化などによりビジネスが複雑化し、成長マトリクスでは説明しきれない状況が現れている。

例えば、日立のＨＤＲＩＶＥで考えてみよう（恩藏 2005）。ＨＤＲＩＶＥとは高圧インバーターを顧客の工場などに無料で設置し、そのことにより節電を行い、節電された価値の一部を日立が受け取るというビジネスである。高圧インバーターは以前から日立によって提供されていたが、基本的に顧客への売り切りでビジネスが行われていた。つまりＨＤＲＩＶＥというビジネスは、顧客も提供製品も従来と同じであるが、課金方法が根本的に異なっている点に特徴がある。

従来の高圧インバーターのビジネスはまさにメーカーによる製品の販売であるが、HDRIVEにおいては製品ではなくサービスとして販売される。成長マトリクスによると、顧客も提供内容も既存であると捉えられるので、HDRIVEは市場浸透に位置づけられるが、ビジネスとしては全くの新規であり、従来のビジネスとの違いを適切に説明することができない。

HDRIVEは単なる市場浸透ではなく、ビジネスとしての複雑さもリスクも、高圧インバーターの販売とは大きく異なっているからだ。つまり、従来の成長マトリクスでは説明しきれない状況が顕在化してきており、新しい枠組みで組織の成長や発展を考察し、整理する必要性が高まっている。

## 2　ホワイトスペースの考え方

新たに取り組むビジネスを成功させるためには、建築家やエンジニアと同様に、ビジネスモデルという設計図を描く必要がある。ところが、そうしたビジネスモデルの発想は、これまでのマーケティングの枠組みでは考慮されていなかった。上で述べた成長マトリクスをはじめ、STP（セグメンテーション、ターゲティング、ポジショニング）、製品ライフサイクル、市場競争戦略などにおいて、いずれもビジネスモデルの視点は欠如していた。

戦略コンサルティング会社イノセントの会長であるマーク・ジョンソンは、『ホワイトスペース戦略』という著書の中で、新しいビジネスモデルでなければ成功しえない事業領域を「ホワイトスペース」と規定し、ビジネスモデル構築の枠組みを示している（Johnson 2010）。

図表13は、ジョンソンが提示した枠組みをベースとして、一部加筆修正を施したものである。ジョンソンは、縦軸をビジネス・チャンスの性格として、既存の組織に適合するか否かで識別している。横軸は顧客に関連しており、既存顧客のニーズに従来の方法で満たすのか、既存顧客のニーズもしくは新しい顧客のニーズに対して新しい方法で満たすのかという点で整理している。コアスペース、隣接スペース、ホワイトスペースは図表13と同じであるが、ジョンソンの枠組みでは、左上は斜線が引かれており考慮されていない。

これに対して本書では、縦軸を新しいビジネスモデルであるか従来からのビジネスモデ

| | 従来の顧客・製品 | 異なる顧客・製品 |
| --- | --- | --- |
| 新しいモデル | アナザースペース | ホワイトスペース |
| 既存のモデル | コアスペース | 隣接スペース |

出所：Jonson（2010）をもとに、一部を加筆修正した。

**図表13　ホワイトスペースの枠組み**

ルであるか、横軸を従来の顧客・製品であるか新しい顧客・製品であるかによって整理している。既存の組織に適合するかどうかというジョンソンの枠組みにおける縦軸は、意味としてはビジネスモデルの同異に近い。既存の組織に適合するということは、ビジネスモデルが類似していると考えられるからだ。顧客ニーズはビジネス戦略の実施主体である企業側の言葉である製品に置き換えた。軸の捉え方を修正したことにより、斜線が入っていた左上のセルが説明できるようになり、本書ではアナザースペースと名づけている。

　コアスペースとは既存のビジネスモデルを用いて、従来からの顧客・製品を扱うというスペースである。自社のまさに本業であり中核領域である。成長マトリクスに重ねてみると市場浸透と重なる。しかし、かつてのような経済成長期とは異なり、同じスペースにとどまったままで、大きな成長を期待することは難しい。かつてのブックオフやアスクルのように、ビジネスのイノベーションを成し遂げたばかりの企業であれば、コアスペースのビジネスだけに頼り、一定期間は成長を続けることができるだろう。業務プロセスにおける効率や効果を高めていくとしても、コアスペースだけによる成長には限界があり、多くの組織はやがて壁に直面する。

## †新たな成長を探る視点

そこで、隣接スペースが検討されるようになる。ビジネスモデルそのものを変更する必要はないが、新しい顧客・製品を射程に入れることで成長を狙うのである。成長マトリクスであれば、新製品開発と市場開拓を加えたようなビジネス領域と考えてよいだろう。

ブックオフが書籍からＣＤや育児用品などにビジネス内容を拡大したように、隣接スペースは比較的低いリスクで企業に新しい可能性をもたらしてくれる。それでも、やがて企業の成長は鈍化し、コアスペースにおいて経験したのと同様に効率化も限界に達する。多くの企業が辿る一般的なプロセスである。

ホワイトスペースを提唱したジョンソンは言及していないが、成長に行き詰った企業が新たな成長を探る方向性の一つとして、図表13ではアナザースペースを示している。既存の顧客・製品を扱うが、新しいビジネスモデルによって飛躍しようとするビジネス領域である。右で述べた日立のHDRIVEは、まさにアナザースペースであり、日立の高圧インバータービジネスに新風を巻き込んだ。ビジネスモデルという視点が加わることにより、企業は新しい成長の可能性を理解し、より適切な戦略策定や意思決定に乗り出せるようになる。

最後がホワイトスペースである。新しい顧客・製品を新しいビジネスモデルで提供するというビジネス領域である。本業における限界を感じて、顧客に新しい価値を提供する企業へと変身したいと考える企業は少なくない。そうした企業は、居心地の良いコアスペースや隣接スペースではなく、ある程度のリスクを取りながら、新しい成長領域を探さなければならない。ホワイトスペースで成功をおさめるためには、新しいスキル、新しい強み、そして新しいビジネス手法が必要になる。いくつかの事例を取り上げながら、それぞれのスペースについての理解を深めていこう。

## 3　隣接市場の開拓

大半の人々や組織にとっては関係がなくても、特定のニーズを有する限られた人々や組織が存在する。そうしたニッチによって構成される市場のサイズは小さいが、ひとたび形成されると直接的な競争はなく、高いマージンを期待できる。

隙間市場とも言える小さな市場に注目し、隣接市場の開拓で成長している企業にキングジムがある。ファイルやノートカバーなどのステーショナリーをコアスペースとしているが、ラベルライター「テプラ」、デジタルメモ「ポメラ」、デジタル名刺ホルダー「ピットレック」などを市場導入し、デジタル文具やデジタル名刺整理用品という隣接スペースへと乗り出している。

「日経のヒット商品番付に載っていても、周囲の人に尋ねてみると、購入している人はほとんどいない」。「多くの人が関心を示さなくても、こんな製品が欲しかったと発言する人がいれば開発に乗り出す」。これらは、日本経済新聞社「日経MJヒット塾」でキングジムの宮本彰社長から伺った発言だ。市場にはさまざまな製品があふれており、私たちはそうした選択肢の中から、購入したいと思うリストの上位から購入していく。人々に「これが欲しい、こんな製品を待っていた」と思わせなければ、リストの上位に位置づくことはなく、最終的な購入には結びつかない。

マーケティングのテキストによると、市場調査をしっかり実施し、見込購入者の存在を確認してから製品開発に乗り出すべきだと述べている。だがキングジムでは、多数の賛成者の存在が必ずしもよいとは考えない。そもそも事前のマーケティング調査すら、ほとんど実施していない。マスを狙う製品であれば、100人のうち3割が支持している、あるいは5割が賛同している、といった数字は重要かもしれない。だが、隙間市場を狙う製品の場合には、100人のうち一人、あるいは1000人のうち一人でも、強く望む潜在顧客が存在すれば利益に結びつく可能性がある。

### †隙間市場を開拓するときの考え方

隙間市場を狙う企業にとって、成功を左右する鍵とは何だろう。少なくとも、以下の3つの点を押さえておく必要がある。第一は、わずかな潜在顧客の声をリアリティのあるニーズとして受け止めることのできる感度や着眼である。通常のマーケティング調査では市場の共通点を探し出そうとするので、鳥瞰図のように距離を置いて顧客を捉えようとする。だが、隙間市場を狙うときはその逆で、虫眼鏡を使って接近して市場を見る姿勢が必要である。宮本社長によると、ポメラの開発では、大半のメンバーが会議で難色を示すなか、ただ一人の役員が「私は絶対にほしい」「このような製品を待っていた」といった発言で進んだという。10人の弱い賛成意見よりも、9人が反対しても1人でも強い賛成意見のあることが、隙間市場の開発では必要なのだ。

隙間市場は長期間にわたり存続するとは限らない。市場そのものが縮小したり、逆に成長の潜在性が明らかになれば巨大企業が参入したりしてくるかもしれない。そこで第2のポイントは、常に新しい市場機会を追い求める機会探索力である。冒頭で紹介した製品のほかにも、マウス型スキャナ「MSC20」、電子メモパッド「ブギーボード」など、キングジムでは隣接市場であるデジタル文具における新製品の開発を進めている。宮本社長は、「打率1割でもいいから、画期的な製品による市場開拓を狙え」と開発陣を鼓舞している。ジョンソン・エンド・ジョンソンのように、「マウスウォッシュ」や「バンドエイド」などの一般消費者向け製品とともに外科手術関連製品や感染予防関連製品などの医療従事者向け製品によって数百という隙間市場を開拓し、その積み重ねで巨大企業へと成長している企業もある。

第3は、高度な技術的イノベーションを必ずしも必要としないという点である。ポメラでは、メール、インターネット、ゲームなどの機能をすべて切り捨て、テキスト入力機能だけに絞り込みヒットに結びついている。デジタル耳せんでも、用いているのは既存技術だけである。「騒音はカットするが、人の声は聞こえる」という、他社によって製品化されないコンセプトを打ち出して成功した。

既存の技術だけでも、「組み合わせ」「絞り込み」「拡大」「縮小」「並べ替え」するなどして、満たされていない消費者の課題を解決することができる（Kotler and Trias de Bes 2003）。隙間市場とは言えないが、アップルによってiPodやiPadが開発された時、人々は製品の目新しさに驚いたが、やはり既存の技術の組み合わせによって製品は開発されていた。イノベーションの力ではなくマーケティングの知恵や発想が、多くの企業の成長に結びついているのだ。

### †新奇性の高い製品を買ってもらうには？

キングジムによる隣接スペースへの進出において、興味深いヒット製品の一つに右で述べた「デジタル耳せん」がある。周囲の騒音を約90%カットできるが、人の声やアナウンスなど、必要な音は聞き取れるという製品だ。2014年3月に発売開始、年間目標販売数である1万個を約3カ月で達成し、2014年上期の日経のヒット商品番付にランクインした。飛行機や電車の中などで、騒音に悩まされる人は少なくない。そのため、「耳せん」という製品は従来から存在している。だが既存品では、騒音とともにすべての音を消してしまうため、利用者には不安が生じてしまう。

そこで、キングジムの開発陣は、ノイズキャンセリングという騒音を逆向きの音波で打ち消す技術に注目した。この技術は300Hz以下の騒音を打ち消す効果があるが、人の声や音楽など300Hz以上の音には効きにくい。同社ではこの弱みを逆手に取り、「人の声を消せない」のではなく、「人の声は聞こえる」という製品を生み出したのだ。

このようにして生まれた新奇性の高い製品は、人々にすぐ理解してもらえるとは限らない。製品の単なる理解だけではなく、さらに一歩進めて購買にまで導くためには、何が重要なのだろうか。「日経MJヒット塾」で取り上げ、参加者とともに議論したところ、ネームの重要性を指摘する声が多かった。

かつて我が国のヒット製品を対象として、ヒットに貢献するブランド要素を調べたことがある（恩藏 2004)。取り上げたブランド要素とは、「ネーム」「スローガン」「パッケージ」「ロゴ」「キャラクター」「シンボル」「ジングル」の7つ。調査では、「商品のヒットに効果が大きいと思われる要素」を2つまで選んでもらった。それによると「ネーム」が圧倒的に高く、78・2％のヒット商品で挙げられていた。続いて、「スローガン（26・4％）」と「パッケージ（20・0％）」。他の要素は低い値にとどまっている。

ブランド論によると、良いネームの条件として、「シンプルで発音しやすい」「親しみやすくて意味を有している」「差別化されていてユニーク」の3つが知られている。「デジタル耳せん」は3つの条件を満たしており、しっかりと差別化されていて明確な意味を有したネームだといえる。

**†ネームの重要性は以前よりも高まっている**

キングジムでは隙間市場を狙うという戦略を推し進めているが、そのためには製品の機能もしっかりと絞り込み、特徴をピンポイントで訴えなければならない。必然的にネームの候補は狭められていく。結果、良いネームへと結びつきやすくなり、ネームの力で製品の魅力は伝わりやすくなる。

新聞の世界でも、見出し（ネーム）をつけやすい原稿は良い原稿であるといわれる。原稿の内容がわかりやすくメッセージも明確であると、見出しは付けやすいのだろう。ツイッターやフェイスブックなど消費者メディアが普及し、人々による情報発信が製品の売れ行きを大きく左右する今日、「ネーム」の重要性は以前よりも高まっているはずである。

ところで、ネームが重要なのは製品だけではない。同じ女性であっても今日的な名前で紹介された場合と、古くさい名前で紹介された場合とでは、前者の方が明らかに好ましい印象で受け止められる。これはアメリカで実施された調査結果であるが、今日的なジェニファーさんと古臭いガートルードさんでは印象が全く異なるという。おそらく日本でも、男女問わず明治時代や大正時代に流行した名前の中には、今日ではやや違和感を覚えるものもあるだろう。

少なくとも短期的な評価は、製品も人もネームによって左右される。解決すべき課題を絞り込んだ隙間製品と良いネームとの間には、密接に結びついた法則が存在しているようである。

## 4　アップルとアマゾン

### †iPodのホワイトスペース戦略

企業の成長という視点から、アップルの取り組みについて検討してみよう。２００１年、同社はデジタル音楽プレーヤーiPodを発売し、飛躍的な成長を遂げた。成長ベクトルの枠組みで整理するならば、新製品開発によるものという理解になる。

だが、ホワイトスペースの枠組みに当てはめるならば、我々は異なる捉え方が可能になる。アップルを大成功に導いたのは、iTunesストアを開設し、ハードウェア、ソフトウェア、デジタル音楽をセットにして提供し、顧客にとっての利便性を高め、顧客の囲い込みに成功したからである。つまり、単に新しい製品を導入するだけではなく、それを取り囲む周辺環境を顧客にとって価値あるものとして整理し、ホワイトスペースへの進出に成功したのである。

音楽を手軽にダウンロードできるならば、高額な音楽プレーヤーの需要も高まることにアップルは気付いていた。髭剃りの大手ジレットでは、髭剃りの本体を安価で販売したり、時には無償で配布したりして、利益率の高い消耗品である替え刃で利益をあげてきた。アップルはその逆で、替え刃を安価で配布することにより、顧客に髭剃りの本体を購入させるといった発想に従い、新たなビジネスモデルを推し進めたのである。

顧客たちはiTunesストアで音楽を安く入手できるので、高額なiPodを喜んで購入した。コンピュータのメーカーであったアップルは、ビジネスモデルにおけるイノベーションを実現しホワイトスペースに打って出て、新しい会社として再構築することに成功した。iPodとiTunesストアの売上高は、発売後わずか3年で100億ドルに達している。

ところで、アップルはデジタル音楽プレーヤーを最初に世に送り出した企業ではないことをご存じだろうか。ダイヤモンド・マルチメディア社は1998年に「リオ」を、ベストデータ社は2000年に「カボ64」をそれぞれ販売している。どちらの製品もデジタル音楽プレーヤーと呼ぶことができるが、いずれも成功には至っていない。性能やデザイン面でiPodが幾分優れていたという指摘はあるが、先行した2つの製品がiPodに比べて大きく劣っていたわけではない。

決定的な違いは、ダイヤモンド・マルチメディア社とベストデータ社が新製品として売り出したのに対して、アップルは単なる新製品としてではなくiTunesストアと結びつけて新しいビジネスモデルとして売り出した点である。製品としての適切性だけでは必ずしも成功に結びついておらず、顧客の問題や課題をより大きく捉え、ビジネスモデルとしての適切性が満たされて初めて大きな成功に結びついたといえる。

アメリカの有力上場企業で構成されている「SP500」に選ばれる企業は、1958年の時点で、平均して57年間リストに名をとどめていた。しかし、この平均年数は、1983年には30年に低下し、2008年には18年にまで低下している(Johnson 2010)。ビジネスのライフサイクルが短縮している今日、企業は絶えず変化と革新に取り組む必要性がある。長期にわたっての成功をおさめる上で、変化を遂げる能力は欠かせない。ホワイトスペースの枠組みは、成長ベクトルでは説明しきれなかった変化や革新のあり方についての理解を進めてくれる。

### †キンドルの進出

アマゾン・ドットコムの成長で検討してみよう。同社はインターネットを用いた書籍販売という革新的なビジネを構築した。同社にとって、ネットによる書籍販売はまさにコアスペースである。しかし、アマゾン・ドットコムは、取扱製品を日用品や食品などの書籍以外にも拡大して、急成長したインターネット企業が苦境に陥ったドットコム・バブルの崩壊を乗り越えた。同じビジネスモデルであるが顧客・製品において新たな領域へと参入しており、隣接スペースへの進出により飛躍を遂げたからだ。

アマゾン・ドットコムは、さらに古本の売買を仲介するというホワイトスペースへと乗り出した。このビジネスでは、本を顧客に届けることで対価を得るのではなく、本の情報を提供し、売買仲介による手数料を収益源としている。さらに、外部業者を自社のサイトに開放することで、新たなホワイトスペースに乗り出した。競争相手にもなりうる小売業者から手数料を受け取るというビジネスモデルを導入したのである。ショッピングセンターが一つの屋根の下に多数の小売業者を集めているように、自社サイトの中に多数の販売業者を取り込み、各種の製品を提供するという仕組みを構築している。

出版業界に衝撃を与えた電子書籍端末「キンドル」が導入されたのは、2007年である。電子書籍端末を高い利益率で販売したいと考え、アマゾン・ドットコムはアップルが実施したiTunesストアに相当するデジタルコンテンツ販売のための場を開発した。アマゾンにとってはキンドルもホワイトスペースであり、消費者は電子書籍の購入や電子雑誌の定期購読を手軽に行えるようになった。コンテンツ供給者には、キンドル版コンテンツの開発を促すべく、専用のデータ変換ツールを公開している。

アップルもアマゾンも古い企業ではない。しかし日立のＨＤＲＩＶＥでみたように、ホワイトスペースはインターネット企業だけのものではない。歴史ある企業であっても、首尾よくホワイトスペースに乗り出したならば、飛躍的な成長と抜本的な企業変革を成し遂げることができる。

多くの企業は過去の成功体験に基づき、経験則を頼りにしている。馴染みのあるビジネスモデルに固執し、その殻から飛び出そうとはしない。右で述べてきた視点や枠組みを把握することにより、自社のビジネスモデルを確認し、新たな事業展開の可能性を理解することができる。そうした確認や理解は、自社の更なる飛躍のための大きな一歩となるはずである。

## 5　ネスカフェアンバサダー

日本マーケティング協会では、協会創立50周年を機に、優れたマーケティング活動を表彰する「日本マーケティング大賞」を創設、２００９年から表彰が始まった。総合的に周到なマーケティング計画のもと目覚ましい成果を上げたプロジェクトを大賞、特定分野における優れたプロジェクトを奨励賞、そして全国的とはいえないが地域的に優れた取り組みを地域賞として表彰している。

「ネスカフェアンバサダーによるオフィス市場の開拓」は、２０１４年の第６回マーケティング大賞に輝いた（日本マーケティング協会　2014）。受賞理由は、オリジナルマシン「バリスタ」の開発と「アンバサダー制度」の導入によって、インスタントコーヒーにおけるオフィス市場の創出に成功したからである。ネスレ日本によるこの取り組みについて、ホワイトスペースと結びつけて検討してみよう。

ネスレが得意としてきたインスタントコーヒー市場は、家庭での消費がメインであり、ほぼ成熟していると見られていた。そうした中、異なる製品によって、異なるビジネスモデルを採用することでホワイトスペースへと乗り出した。

主なターゲットはオフィス市場である。「ゴールドブレンドバリスタ」に始まり、「ドルチェグスト」「スペシャル・T」「アイスコーヒーサーバー」といったコーヒーマシンを開発し、低価格もしくは無料で顧客へ提供した。ビジネスモデルは従来のものと大きく異なっている。単なるインスタントコーヒーの販売ではなく、「アンバサダー」という顧客を媒介にしながら顧客を拡大するという販促展開を実施した。そして、コーヒーマシンの販売によって利益を得るのではなく、コーヒーマシンの利用によるコーヒー販売を利益源とした。

利益モデルの一つに「インストールベース」がある（Slywotzky and Morrison 1997）。利用者基盤と呼ばれるベースとなる製品を普及させることにより、付属品や消耗品で大きな利益を獲得しようというモデルである。ネスレ日本の場合、コーヒーマシンが利用者基盤であり、充塡されるコーヒーが消耗品となる。この種の関係は、剃刀の本体と替え刃、インスタントカメラとフィルム、浄水システムと交換用フィルターなどに見ることができる。インスタントコーヒーを顧客に売り、そこから利益を上げていこうとする基本的な利益モデルとは明らかに異なることがわかるだろう。

剃刀やインスタントカメラを保有する顧客と同様に、コーヒーマシンを入手した顧客の大半は継続的に利用し、ネスカフェに対する顧客ロイヤルティを強化していく。これにより、従来のターゲットではないオフィスにおけるコーヒー需要の獲得に成功した。「ゴールドブレンドバリスタ」の場合、1杯20円という経済性に優れ、しかも好みのカフェメニューを選択できるため、顧客にとって大きな価値創造に結びついている。

### †成熟市場でも会社は成長できる

当初、ネスカフェアンバサダーのターゲットは、従業員が20人以下という小規模なオフィスを考えていた。それだけで全国には530万存在し、2300万人ものビジネスパーソンが働いている（日経情報ストラテジー 2014）。小さなオフィスには自動販売機がなかったり、周辺にはコンビニエンスストアもなかったりする。このような拠点はネスカフェアンバサダーにとって、最も有望な市場といえる。

しかし次のステップでは、ターゲットを従業員が100人以下の拠点に拡大し、学校、病院、公民館など従来のオフィスの範疇では検討しなかったセグメントも含めるようになった。さらに、オフィス向けの家具を提供しているイトーキとのコラボレーションを実施し、コーヒーマシンを設置するための専用テーブルを開発、イトーキの販売チャネルを用いてネスカフェアンバサダーの新規登録者に無料で提供し始めた。コーヒーマシンを置く場所がなかったり、置くことができたとしても、オフィスの隅であったりすると、利用率が低下してしまうというユーザーの声を受けての対応である。

「製造業からサービス産業へ」とするネスレ日本の2016事業方針によると、ネスカフェアンバサダーはアイスコーヒーの強化などにより、現在のアンバサダー22万人を50万人にしたいと計画している。

成熟した市場においても、適切なビジネスモデルの導入により大きな成果がもたらされることを示した点は、まさしくマーケティング大賞にふさわしい。単に製品を売るのではなく、より大きな経済価値をもたらすサービス化の中に提供物を置きなおすという流れは、単体として製品を販売している多くのメーカーに貴重な示唆を与えてくれる。

# 第5章 戦略再考

## †「悪い戦略」を掲げていませんか？

本書の読者の多くは、何らかの組織に属していると思う。そうした読者の組織が掲げている最近の戦略を思い浮かべてみてほしい。

企業であれば、「営業力の強化により、市場シェア30％を目指す」「アジア市場の成長を視野に入れ、海外事業の売り上げ構成比を40％にする」「ブランド価値の引き上げにより、顧客から愛される企業となる」などであり、地方自治体であれば、「3年間で大手企業10社から工場を誘致する」「過疎化を食い止めるために、毎年、新たに1000世帯を迎え入れる」などであるかもしれない。

もし、このような表現によって戦略として掲げていたとしたら、リチャード・P・ルメルト教授のいう「悪い戦略」に陥っていることになる。戦略と称しておきながら、実は単に目標だけを示していたり、ビジョンや価値観といった曖昧な言葉を用いたりして、組織として何をどのようにすべきかが不明確なままであるからだ（Rumelt 2011）。

UCLAアンダーソン・スクール・オブ・マネジメントの教授であるルメルトは、戦略論の世界的権威の一人として知られている。サミュエル・ゴールドウィン・カンパニーやシェル・インターナショナルなどの企業だけでなく、NGOや教育機関なども含め、さまざまな組織のコンサルティングを行ってきた。『エコノミスト』誌により、「マネジメント・コンセプトと企業プラクティスに対して最も影響力のある25人」の一人にも選ばれている。

新たな挑戦的課題を有したり、著しい環境変化に直面したりしたとき、組織には何らかの指針が必要になる。われわれは、そうした指針のことを戦略と呼んでいる。いつ、どこで、どのように意思決定を下していくべきなのかについて、組織のリーダーは戦略を通じて、組織メンバー間で共有しなければならない。

ルメルト教授は著書『良い戦略、悪い戦略』の中で、組織にとって価値ある戦略を「良い戦略」とし、何ら価値を有していない「悪い戦略」と対比しながら論じている。本章では、彼の書籍を出発点として、組織における戦略の在り方について考えてみよう。

## 1　戦略の良し悪し

　2013年に訪日外国人旅行者、いわゆるインバウンド数が初めて1000万人を超えた。これを受け、日本政府は2020年までにインバウンド数2000万人を達成するという目標を掲げ、その実現に向けて観光庁内に2014年4月、「マーケティング戦略本部」を設置した。この戦略本部の本部長は観光庁長官であり、観光庁として重要な組織の一つとして位置づけていることがわかる。私は戦略本部の委員の一人に加えていただき、議論に参加することができた。

　戦略本部では、従来の訪日プロモーションを科学的に検証、分析し、戦略的なプロモーションの展開を目指した。訪日プロモーションに向けての取り組みの多くは、マーケティング戦略本部で検討された内容や方針が反映されている。円安などの追い風もあったが、観光庁を中心としたインバウンド数増加に向けての取り組みは奏功し、2015年には1900万人を超える訪日外国人を受け入れている。政府はこの数字を受けて2016年3

月、目標値を2倍に修正し、2020年には4000万人を、そして2030年には6000万人を目指すと打ち出した。

ビジネスの世界では、以前から「戦略」という言葉が頻繁に用いられてきた。しかし近年では、自治体、病院などの非営利組織においても、「戦略」という言葉が用いられている。右でみたように、観光庁でも組織の名称にマーケティングと結びつけて「戦略」という用語が用いられるようになっている。マーケティング研究に携わる我々にとっては嬉しい動向だといえるだろう。組織にとって進むべき方向性や取り組むべき行動を規定する上で、戦略視点や戦略発想は欠くことができないという考え方が広く浸透してきている証左だからだ。

しかし、ルメルト教授によると、戦略と呼ばれるものの多くは、目標と取り違えられていたり、重大な問題に踏み込んでいなかったりして、悪い戦略になっているという。終着点を示していても、そこに辿り着くまでの道のりが示されていなければ戦略としての意味がない。目標は単に目標に過ぎないのであり、目標を戦略と捉えていたならば、それはまさに悪い戦略なのである。悪い戦略の特徴として、ルメルト教授は次の4つを挙げている。

①「空疎」、②「重大な問題からの回避」、③「目標と戦略の取り違え」、④「間違った戦略目

標の提示」である。それぞれについて検討してみよう。

### †悪い戦略① 空疎

「空疎」な戦略とは、実質や内容がなく、わかりきっていることを専門用語や業界用語で書きたてて、受け手を煙に巻くようなものをいう。

たとえば、大手小売り業者が「われわれの基本戦略は、顧客満足を目指して価値ある商品を提供することだ」と掲げていたとしよう。「商品の提供」は、小売り業者にとってまさに本業としての取り組みであり、「顧客満足」や「価値」は頻繁に用いられているある種の流行り言葉である。もちろんネガティブな言葉ではないが、何らオリジナリティはなく、他店舗との差別化にはほとんど役立たない。表現を変えるならば、「われわれの基本戦略は優れた小売業になることだ」と述べているようなものである。戦略を立案する場合には、取り組むべき内容の専門性が高かったとしても、内容を分かりやすく明快に説明しなければいけない。悪い戦略の典型的な特徴の一つは、むしろその逆であり、分かり切ったことをあえて複雑に見せようとしたり、難しい用語で相手よりも優位に立とうとしたりする点である。

かつて営業担当の役員に対して、営業革新に関するヒアリングを実施したことがある（恩藏 1995）。その折、悪い営業パーソンの例として、営業担当のある役員は難しい専門用語を並べ立てる人物を挙げていた。営業では常に相手への配慮が必要で、自分がわかっているからといって、相手にわかりにくいような専門用語や難解な説明をしてはいけない。自らの知識を意図的にひけらかしたり、あるいは自信のなさを隠したりするため、シンプルな説明ではなく回りくどい説明をするような営業パーソンは、ほぼ例外なく成果が上がらないという。用語のわかりやすさ、内容の明確さは、戦略でも営業でも、それが有効に機能する上での出発点となっている。

### †悪い戦略②　重大な問題からの回避

「重大な問題からの回避」というのも悪い戦略の特徴である。そもそも困難な課題を克服し、高いハードルを乗り越えるために戦略は策定される。ところが、重大な問題に目を向けることなく、戦略を立案してしまうことがある。重大な問題と結びついていない目標や予算に基づいていないならば、それを戦略として捉えることはできない。

ルメルト教授は、大手農具メーカーであるインターナショナル・ハーベスターの戦略を例に挙げて説明している。同社では、懸案の課題となっていた「余剰人員による組織の非効率性」を無視したまま戦略を策定した。5つある事業部門のシェア拡大やコスト削減などが戦略課題として取り上げられていたが、最も重要で厄介な課題については触れておらず、誰もが気付いていた脅威には踏み込んでいなかった。

類似した話は、私たちの周辺でも珍しくはない。「今、手を付けなくても、時間が解決してくれる」「厄介な課題は後に残しておこう」。このような言葉を聞いたことはないだろうか。厄介でしかも悩ましい課題に、あえて足を踏み入れたいと思う人は少ないはずである。火中の栗を喜んで拾いたいとは思わないからである。

そのため戦略策定においても、重大な課題からどうしても目をそらしたくなる。多くの場合、そうした重大な課題は、後になってより深刻な課題となって組織の前に立ちはだかる。組織の長期的な安定や発展を考えるならば、リーダーは目前にある重大で厄介な課題にあえて立ち向かう勇気が必要である。

## †悪い戦略③　目標と戦略の取り違え

「目標と戦略の取り違え」という誤りも少なくない。何倍にする、何パーセント増にする、などの数字を持ち出し、そうした「目標」を戦略として位置付けている企業がある。目標はあくまで目標であって、それは戦略ではない。目標と戦略の混同という誤りは、最も頻繁に生じているかもしれない。

戦略とは、自らの力を何倍にもするテコのようなものである。100キロを超える大きな石であっても、人並み外れた腕力さえあれば、持ち上げたり動かしたりできるだろう。しかし、テコやコロや網などの道具を使った方がはるかに楽である。つまり、数値目標を達成するための道筋や道具やコツとなるような何かが示されて、初めて戦略となるのである。

ハーレーダビッドソン・ジャパンは、ハーレーのオーナーや見込み客を富士スピードウェイに集めて、「ブルースカイヘブン」というイベントを行っている。訪れた人々は、レース場を自慢のハーレーで疾走したり、さまざまなショーを楽しんだり、臨時で出店しているショップなどを見て回ることができる。

そうした中、倒れているハーレーを立ち上げるというショーを見たことがある。一たび大型バイクが倒れてしまうと、容易に立ち上げることはできない。力だけで持ち上げようとすると、成人男性でもかなり難しい。しかし、ショーではテコの原理を用いたコツを教えてくれるので、非力な女性であっても立ち上げることができる。「重い大型バイクを持ち上げてみよう」という掛け声だけでは成功者は少ないが、コツを示すことで成功者は飛躍的に増える。そうした点は戦略と類似している。ハーレーには女性オーナーが増えてきているが、こうしたショーは、所有した時の不安感を引き下げることに役立っている。

ルメルト教授は、第一次世界大戦におけるエピソードを取り上げている。連合軍の最高司令官ダグラス・ヘイグは、ベルギーにおけるパッシェンデールの戦いで、ドイツ軍の要塞を攻撃した。その戦いでは、「最後のひと踏ん張り」が3カ月以上にもわたり続いた。長引く戦いにより7万人の兵士を失い、25万人が負傷したといわれている。それにもかかわらず、3カ月で得られた成果は5マイルの前進にすぎなかった。

数値を示すだけで「最後のひと踏ん張り」を要求するだけのリーダーから、われわれは何を学べばよいだろうか。少なくとも、そうしたリーダーが有能ではないことは明らかである。

もし日露戦争において、日本陸軍が旅順の203高地を攻略できなければ、パッシュデールの戦いと同じ話として伝わっていたかもしれない。203高地の攻略戦で、乃木希典第3軍司令官率いる日本陸軍は、6万人を超える死傷者を出したといわれている。

一方、有能なリーダーは、戦略によって効果的に「頑張れる状況」を作り出すことができる。戦争と同様にビジネスにおいても、目標とする数値だけを示し、力と意志だけで成功に到達しようとするような指示を出してはならない。

### †悪い戦略④ 間違った戦略目標の提示

最後は「間違った戦略目標の提示」である。組織のリーダーになると、他のメンバーよりも大きな権限を有し、目標設定における自由度も大きくなる。つまり、自らの目標を誰かが決めてくれる立場から、組織の目標を自分で決められる立場へと変わる。では、どのような時にリーダーは、間違った戦略目標を設定してしまうのだろうか。一つとしてルメルト教授は、いろいろな事柄を詰め込みすぎ、寄せ集め的な目標になっていることを原因として挙げている。

実施すべき事柄をあれこれとリストアップしても、それをもって戦略目標とはいえない。特定の組織において過ごす期間が長くなると、人間関係が築き上げられていき、メンバーどうしの信頼関係も生まれる。そうした関係は、日々の仕事を進める上できわめて有効に作用するはずであるが、戦略策定という視点からすると、むしろマイナスに働いてしまう。

各部門から提出された課題をもとに戦略を練ろうしていて、取り上げるべき課題の絞り込みが必要になったらどうだろうか。リーダーの脳裏に、各部門の主要メンバーであり親しい友の顔が浮かび、情が絡み合理的判断を鈍らせてしまうとしても不思議ではない。ルメルト教授はわかりやすい事例を紹介している。それはアメリカ西海岸のある都市が策定した戦略で、戦略の数は47、取り組むべき事項は何と178にも及んでいた。組織内部での波風を立てたくないために、各部門に向けての戦略を策定していった結果だという。地方自治体や非営利団体などが掲げる戦略には、こうした寄せ集め的ともいえる誤りが多いようである。

リーダーにとっては、「何をするか」と同じくらい「何をしないか」が重要であり、各部門から提出される要求にノーと言えなければならない。願望を単に語ったり、困難な課題を説明したりするだけの戦略も、そうした願望を実現したり、課題を克服したりするための方策が抜けていたならば、ほとんど意味を持たない。非現実的な目標に基づいた戦略が、組織にとって役に立たないであろうことは明らかである。

以上に述べてきたような悪い戦略は、組織内にはびこりやすい。多くの場合、環境分析が不十分であったり、課題を絞り込んでいなかったりするからだ。4つの特徴を念頭に置き、これまでの自社の戦略を見直してほしい。悪い戦略を少なからず発見できるはずである。そうした悪い戦略が、良い戦略に置き換えられていたならば、組織の成果は違ったものになっていた可能性がある。

## 2　戦略構築のステップ

悪い戦略の特徴はわかった。裏を返せば、良い戦略の条件にもなることが理解できる。しかし、依然として良い戦略をどのように構築すべきかについての疑問は残っている。右で論じてきたことと同じ論理が、良い戦略策定についても当てはまる。良い戦略の特徴を理解できたとしても、そこに辿り着くまでの道筋がわからなければ、多くのリーダーは従来の戦略策定方法から脱皮することはできない。

そこで改めて、良い戦略について考え直してみる必要がある。細かな実行手順まで示していないが、少なくとも組織として取り組むべきことが単純かつ明快になっていなければならない。戦略はプランニングやビジョンなどとは異なるので、あえて図表などを用いる必要はないし、もちろんパワーポイント資料を作成して、長時間にも及ぶプレゼンテーションをする必要もない。組織が直面している重要かつ決定的な要素に注目し、それに向けて利用可能な資源と行動を集中していく明確なストーリーを示せばよい。組織のリーダーが戦略を策定していくにあたり、ルメルト教授は3つのステップを確認すべきであると述べている。

### †ステップ① 診断

第一のステップは「診断」である。組織のリーダーはまず、ビジネスを取り巻く状況を診断し、重要な課題を見極めなければならない。実際、戦略を立てる作業の多くは、周囲で何が起きているのかを洗い出すことにある。

自社ビジネスにおいて今、何が起きているのかという点に関心を抱かない経営者はいない。取り巻く状況を完全に把握することが、戦略におけるまさに第一歩となる。だからこそリーダーは、複雑であいまいな状況を整理し、組織として歩むべき方向を見極め、経営資源の再配分に取り掛からなければならない。戦略策定の最初のハードルは診断である。この時点で躓いてしまうと、状況を整理することなく、むやみに高い目標を掲げたり、的外れな目標を掲げたりしてしまう。

### ✝ステップ② 基本方針の打ち出し

次に、「基本方針の打ち出し」というステップに移る。診断で明らかにされた課題にどのように取り組むべきなのか、大きな方向性と総合的な方針が示されなければならない。

その際、我々は「テコ入れ（レバレッジ）効果」と「閾値《いき》効果」を忘れてはならない。ここぞという瞬間、特定の対象に限られた力を注ぐことにより、効果は幾何級数的に大きくなる。これが「テコ入れ効果」である。組織の資源に制約がある限り、あれもこれもというわけにはいかない。知力やエネルギーの投入対象は、必然的に厳しく吟味されなければならない。

あるレベルを超えるまで、ほとんど変化は現れないが、あるレベルを超えると一気に大きな変化が生じるというのが「閾値効果」である。多くの人は、こうした現象を理科の実験で経験しているはずである。ある物質に熱を与え続けると、特定の時点で、色が変わったり形態が変わったり物質の特性が急に変化したりする。ビジネスにおいては、広告などの効果を考えると分かりやすい。多くの領域において閾値効果があるからこそ、戦略においても選択と集中という発想が求められるのである。

「診断」と「基本方針の打ち出し」というステップは、ソリューション営業のアプローチに似ている。ソリューション営業において卓越した営業パーソンは、顧客先に訪問した際、ことさら自社製品の特徴を訴えたり、売り込もうとしたりはしない。まず顧客の話に耳を傾け、彼らのビジネス環境を的確に把握、分析しようと試みる。まさに診断である。

そして、綿密な診断結果に基づき、自社は顧客に何ができるのか、どのようにお役に立てるのか、自社が提供できる製品やサービスにとどまることなく、他社の製品やサービスをも含めて価値ある提案を提示する。営業活動におけるソリューションの提示は、戦略策定における基本方針の打ち出しに相当する。このように考えると、戦略策定はリーダーだけが取り組む特別な意思決定ではなく、多くのビジネスパーソンが取り組むビジネス活動の延長として理解することができる。

### †ステップ③　行動の明示

最後は「行動の明示」である。基本方針を実行するためには、一貫性のある一連の行動を示さなければならない。私たちは戦略の要諦として、行動面の存在を確認しておく必要がある。ルメルト教授は、「戦略が単なる願望にとどまっている限りにおいて、組織内の価値観の対立は容認される。だが行動しなければならないときには、苦渋の選択をしなければならない。そして戦略で最も重要なのは、そこである」と述べている。「何をやるか」を示すだけではなく、行動の明示として、「なぜやるのか」「どのようにやるのか」を組織として確認しなければならない。

戦略策定における行動の明示において、設計思考は欠かせない。経営幹部を意思決定者であるとすれば、ストラテジストはデザイナーになる。つまり戦略立案とは、輸送業者がどの車種を買うかを決めたり、飲料メーカーが工場のラインを決めたりするというよりも、大きな橋や飛行機を設計する作業に似ている。

数年前、早稲田大学の校友会誌の対談で、東京海上ホールディングスの隅修三取締役社長（当時）と対談をさせていただいたことがある（隅修三　2009）。代理店40万人が使うシステムの刷新などを含む同社の業務革新プロジェクト、事業の海外シフトなどについてのお話を聞かせていただいたが、最も印象に残っているのは設計思考に関する話である。

隅氏は早稲田大学理工学部土木工学科出身であり、当時は保険会社が理工学部の学生を採用することは希であったという。同氏が入社すると、法人向けの保険商品の管理部門でリスク分析をすることになるが、土木で学んだ構造物を作り上げていくという視点や思考パターンが、まさに保険ビジネスにおいても相通ずるものがあったという。個々の保険商品の開発から、業務革新プロジェクトのような全社的な取り組みにいたるまで、隅氏の思考の根底には設計思考が根付いていたものと思われる。有能なストラテジストは、決定ではなく設計を行うのであり、選択肢の中から単に選ぶのではなく自らデザインをする。そのため良い戦略では、さまざまな方針や行動がコーディネートされながら、目標の実現に向けて進んでいくのである。

### †見せかけの戦略でその場しのぎをしてはならない

我々が戦略について検討する際、示唆に富むいくつかのエピソードに注目するとよい。その中の一つとして、インテルの会長ゴードン・ムーアとCEOアンディ・グローブの会話がある（Grove 1996）。インテルは半導体メモリでスタートした会社であるが、１９８０年代の前半、日本企業との厳しい価格競争に陥り、赤字事業である半導体記憶素子DRAMの製造について議論を重ねていた。赤字は増加の一途をたどっていたが、DRAMの製造を打ち切り、マイクロプロセッサに集中するという選択は、心情的にも社内政治的にもきわめて困難であった。

1985年のある日、グローブはムーアに対して、「もし我々が更迭され、取締役会が新しいCEOを連れてきたら、その人物は、まず何をするだろうか」と質問した。すると、ムーアは「メモリ事業から撤退するだろう」と即答する。グローブはムーアの言葉を深くかみしめ、「では、なぜ我々が、クビになったつもりになって、それをやらないのか」と述べた。これだけの決心を固めてからも、改革に踏み切るまでには1年を要した。インテルにとって、メモリ事業は長きに渡り中核事業であり、研究、製造、そしてキャリア形成のいずれにおいても中心であり続けていたからである。メモリ事業はインテルの誇りそのものだったともいえる。

組織が新しい基本方針を打ち出し、そのための行動を明示し、資金や人材を特定分野にシフトしようとすれば、少なからず不利益を被る人々がいる。当然、彼らは抵抗を試みる。大きな組織の場合、すべての人々にとってハッピーになることはまずない。不利益にはならないとしても、変化に対して単に拒絶反応を示す人々もいる。

それだけに、リーダーには自らの選択を貫き通す強固な意志が必要であり、八方美人的ともいえる見せかけの戦略でその場しのぎをしてはならない。グローブはメモリ事業からの撤退を決定し、マイクロプロセッサ事業への方向転換を断行した。そして、386プロセッサの成功により、同社は1992年に半導体で世界最大手へと上りつめた。

「良い戦略」が求められるのは、単に企業だけにとどまらない。政府、地方自治体、教会、大学、病院などの非営利組織にとっても例外ではない。戦略が組織において有する価値について、我々はもっと正しく、そしてもっとさまざまな領域で理解する必要がある。

## 3 クラブツーリズムの戦略

ビジネスの成果は、もちろん戦略だけで規定されるわけではない。「マッキンゼーの7S」という枠組みが説明しているように、構造（Structure）、システム（System）、スタイル（Style）、スキル（Skill）、スタッフ（Staff）、共有された価値観（Shared value）、そして戦略（Strategy）というSで始まる7つの要素が有機的に結びつき、組織は大きな成果を手に入れることができる。つまり、組織の構造やシステムが適切に組み立てられていて、必要とされるスキルを備えた優秀なスタッフが、同じようなスタイルや価値観で仕事に取り組むことによって、はじめて戦略は有効に機能し、組織に大きな利益や売上をもたらすのである。

戦略という7つの要素の一つだけを切り取り、企業活動の良し悪しを語ることはできないが、少なくとも良い戦略を展開していると思われる企業は存在する。良い戦略の展開事例の一つとしてクラブツーリズムがある（大平・恩藏 2013）。

インターネットによる旅行商品の購入が進み、高齢化が進行している我が国において、クラブツーリズムは伝統的な旅行会社とは異なる旅行商品の提供が必要であると考えていた。資金的に余裕のある団塊世代の多くが退職し始めてきたこともあり、旅行に対して高いモチベーションを有し、アクティブに活動するシニア世代をターゲット層として規定するとともに、顧客どうしの交流の場を作り出し、価値ある旅行経験を提供するという基本戦略方針を打ち出した。そして、旅行経験を提供するための具体的行動として、同社が企画する旅行にはテーマを定めるとともに、明確な目的を設定している（図表14）。

テーマには、登山・ハイキング、音楽鑑賞、歴史、写真撮影、ダンス、祭りなどがあり、各テーマはレベルやニーズによって、より細かく分けられている。例えば、登山・ハイキングでは、健康のための軽いウォーキングから本格的な登山体験といった具合だ。顧客が

| | |
|---|---|
| **診断** | インターネットによる旅行商品の購入、高齢化の進行、団塊世代の退職などを踏まえ、アクティブに活動するシニア世代をターゲット層として規定。旅行に対するニーズも、目的志向型に変化していた。 |
| **基本方針の打ち出し** | 顧客どうしの交流の場を作り出し、価値ある旅行経験を提供する。 |
| **行動の明示** | 同社が企画する旅行にはテーマを定めるとともに、明確な目的を設定する。例えば、登山・ハイキング、音楽鑑賞、歴史など。 |

**図表14　クラブツーリズムの戦略**

持つ興味や目的をもとにターゲット層を絞り込み、きめ細かいツアー企画を提案し、単に目的地へ出向くだけではなく参加者間の交流を推進し、各種経験を旅行に結びつけてより大きな価値として提供するのである。

同社によって企画された具体例として、青森のねぶた祭りツアーをみてみよう。ねぶた祭りには、毎年、300万人を超える観光客が押し寄せるが、クラブツーリズムのツアー客は眺めの良い桟敷席で勇壮な青森ねぶたを楽しむことができる。ねぶたには、事前に配布されている特製うちわに描かれたものと同じクラブツーリズムのロゴが描かれており、ツアー客は祭りと一体になって楽しむ。クラブツーリズムは、青森市民ねぶた実行委員会に協賛することで、他社にはない独自の価値を備えたツアーを実現しているのだ。

## †常識を覆すビジネススタイル

クラブツーリズムの創業は1980年、高橋秀夫氏が近畿日本ツーリスト渋谷営業所で、旅のダイレクト・マーケティング事業をスタートさせたことにはじまる。1990年代初頭より「テーマのある旅」という、従来からの観光商品とは異なる独自性を戦略の柱に据え、共通の趣味や目的を持った顧客どうしの交流の場を「クラブ」と表現し、仲間づくりや生涯学習に貢献するという取り組みを強化してきた。

1999年には、2010年までに1000のクラブに発展させようとする「クラブ1000構想」が発表され、2004年にはクラブツーリズム事業が近畿日本ツーリストから分かれ新会社として発足、会長には高橋氏が就任した。そして「クラブ1000構想」と「テーマ性」を一本化し、趣味が深まり仲間づくりができる「テーマのある旅」を提供していくことを目指した。旅行に対する顧客のニーズが、「どこに行くか」という「行き先志向型」よりも、「どこで、誰と、何を、どのように楽しむか」という「目的志向型」に変化してきていたという背景もあった。

旅行会社における主要な収入源は、法人旅行に代表される団体旅行販売であるといわれていた。クラブツーリズムは、その業界の常識を覆し、個人を対象に媒体（情報誌や新聞広告など）で旅行を販売するというビジネススタイルを確立していった。そして、媒体効率を引き上げ、顧客の要望をより的確に吸い上げるための活動を推進していく中で、派遣社員に頼らず自社社員による添乗業務やターゲットとなる顧客の囲い込み（コミュニティ化）などの取り組みが進められた。それらは、いずれも戦略目標を達成するための道筋といえる。

クラブツーリズムの社員は、入社後の数年間、多いときには年間60日にも及ぶ添乗業務が義務付けられている。顧客の立場になって旅行を経験し、時に寝食を共にすることで、必然的に顧客との距離は縮まる。添乗業務で得られた経験と知識は、結果的にツアー全体の品質改善に活かされる。旅行中に生じるさまざまなトラブルに対しては、苦情へと発展する前に対応できるため、顧客の満足度向上につながっている。

例えば、ハイキングツアーでは、ハイキングの距離やルート、歩くペースが適切かどうかを顧客の顔を見ながら判断し、次のツアーでそれが調整される。お花見のツアーでは、渋滞を回避する抜け道やお花見の穴場スポットが見つかることもあり、翌年にはそれが正

（単位：千円）

| | 海外旅行 | 外国人旅行 | 国内旅行 | 合計 | 前年度比 |
|---|---|---|---|---|---|
| 平成27年4月～平成28年3月計 | 53,069,116 | 536,093 | 117,813,164 | 171,418,373 | 100.4% |
| 平成26年4月～平成27年3月計 | 55,785,699 | 315,113 | 114,565,859 | 170,666,671 | 101.5% |
| 平成25年4月～平成26年3月計 | 54,665,002 | 199,162 | 113,356,351 | 168,220,515 | 110.0% |
| 平成24年4月～平成25年3月計 | 52,375,260 | 105,631 | 100,477,893 | 152,958,784 | 107.6% |
| 平成23年4月～平成24年3月計 | 55,696,278 | 44,312 | 86,361,888 | 142,102,478 | 100.5% |
| 平成22年4月～平成23年3月計 | 53,769,174 | 29,585 | 87,646,275 | 141,445,034 | 105.7% |

出典）一般社団法人日本旅行業協会「主要旅行業者の旅行取扱状況速報」より
https://www.jata-net.or.jp/data/performance/

**図表15**　クラブツーリズム（株）の旅行取扱額推移

規ルートになったりする。顧客と日々接するということは、顧客の新たなニーズを汲み取る効果も生んでいるのである。一つひとつの顧客の声は断片的であっても、そこから傾向をつかみ、新しいニーズの把握へと発展できることもある。ダンス、サイクリング、スキーなどの新しいツアー・カテゴリーは、こうした手法で生まれた。

社員による添乗業務は、社員の問題意識を高めるという副次的な効果も生んでいる。顧客の立場になって考えることが習慣となり、顧客の発する言葉の意味を考えたり、顧客の行動の理由を探ったりするようになる。

ターゲットの絞り込みと独特のビジネススタイルが功を奏し、市場全体が減少傾向にあるなか、クラブツーリズムは着実に業績を伸ばしてきた(図表15)。2013年1月には、KNT－CTホールディングスのもとで近畿日本ツーリストと経営統合し、クラブツーリズムの会員数は300万世帯にのぼり、その約7割は50歳以上のシニア世代となっている。300万世帯のなかでも、とりわけ消費意欲の強い50万人には、会報誌『クラブツーリズムスタイル』を用いた重点的なプロモーション活動が行われる。50万人のコア顧客は、幅広いことに興味を持ち、余暇や旅行にお金を使う余裕があり、良いと思ったことは他人にすすめる、という特徴を有している。同社の調査によると、約8割が住宅ローンを抱えておらず、ツアーへの参加回数は平均的な顧客の2.4倍、金額にして2.2倍だ。さらに、「『良い』と思った商品やサービスを何人にすすめますか」という問いに対して、平均2.9人のところ9.2人にも及ぶ。

クラブツーリズムは単なる観光旅行の手配業という枠を超えて、顧客どうしの交流の場であるクラブを作り出し、親睦を深めるためのコミュニティサービスを提供する企業へと進化している。

## 4　基本に忠実な横浜DeNAベイスターズ

スポーツファンであれば、誰もが応援するチームや選手に活躍してほしいと願うものだ。選手やチームが強ければ、おのずと応援にも熱が入る。それはプロ野球においても例外ではなく、ファンは喜んで球場を訪れるようになり、来場者数はしだいに増えていく。球団経営者が来場者数を増やしたいならば、まずチームを強くすべきだと考えたとしても不思議ではない。読売ジャイアンツにしても阪神タイガースにしても、これまでチームが強いことでファンを増やしてきたからだ。

ところが、横浜DeNAベイスターズの取り組みを知ると、ファンづくりに対する従来からの考え方は必ずしも正しくないことに気づく。2011年12月、池田純氏が球団創設にともない代表取締役社長に就任すると、マーケティング発想に基づいた戦略を展開し、横浜スタジアムへの年間来場者数を伸ばしてきた。

2011年から2016年までの来場者数の伸びは76％、12球団の中で頭抜けた増加率

**図表16**　2011年からの来場者数

である（図表16）。座席数に対する動員率でみても、同時期に52％から約9割へ伸びている。一方、過去6年間のチームの成績はというと、よくても3位で最下位を3回経験している。前半戦を首位でターンした２０１５年も、結局は62勝80敗1分け、勝率は4割3分7厘と低迷した。２０１６年には、クライマックスシリーズに初めて進出できることで大きなニュースになったほどである。チームの成績に苦しむ横浜ＤｅＮＡベイスターズは、いかにして動員数の増加に成功したのだろうか。

## †出発点は顧客を知り尽くすこと

池田氏とは日本経済新聞社「日経ＭＪヒッ

ト塾」で意見交換をさせていただく機会を得たが、ビジネスの出発点はまず顧客を知り尽くすことだという。顧客を正確に理解していなければ、有効な戦略は打ち出せない。社長に就任して最初に手掛けたのは、それまでバラバラだったファンクラブやチケット購入に関する顧客情報の一元管理である。本拠地である神奈川県民には、アンケート調査を実施した。その結果、横浜スタジアムに来てくれている人の属性や行動パターンが把握できるようになった。3年目からはドコモのビッグデータも利用しているという。

データの収集や分析が進んだことにより、狙うべきターゲットが見えてきた。仕事帰りに友達と飲みに行くような20~30代のアクティブサラリーマンである。そして、一度定めたターゲットからブレることなく、ターゲットを呼び込むという戦略のもとに次々と話題作りを仕掛けていった。

ビジネスにおける失敗の多くは、ターゲットやポジショニングの途中変更によって生じる。つまり、一貫したSTP（セグメンテーション、ターゲティング、ポジショニング）をどれだけ実践できるかが、ビジネスの成果を大きく左右するのである。まず顧客に目を向けることの重要性は、マーケティングのテキストで繰り返し主張されているが、そうした基本にどれだけ忠実であるかが大切なのである。

池田氏によると、マーケティングには10のプロセスがあり、組織の全体最適に向けて、それらを着実に遂行していかなければならないと主張している。10のプロセスとは、①データと情報の収集、②市場分析と顧客分析、③戦略ターゲットの明確化、④ターゲットが求める商品の創造、⑤ストーリーの創造、⑥数字につながり、ストーリーを伝える広告とPRの創造、⑦Ｗｅｂの活用、⑧ブランディング戦略の実行、⑨ＰＤＣＡによる商品やコミュニケーションの改善、⑩営業戦略への責任、である（池田 2016）。

表現こそやや異なるが、本書で述べてきた良い戦略のポイントを押さえている。特にプロセスの前半に当たる、データと情報の収集、市場分析と顧客分析からストーリーの創造まで、このプロセスをいかに組織メンバーに理解してもらい、チームとして取り組めるかが鍵であると言える。

## †良いことを学び、悪いことを繰り返さない

上記のプロセスとともに池田氏が重視している点は、同業、異業を問わず、他社から学ぶ姿勢である。ベンチマーキングの発想であり、学ぶべきエクセレントな事例は必ずどこかに存在している。例えば、球場の演出方法を検討するうえで各種コンサートを参考に

しているし、接客やホスピタリティでは東京ディズニーランドを参考にしている。球団と地域との結びつきを深めたいと考えた時には、自社のスタッフをボストン・レッドソックスにまで派遣し学ばせた。ボランティアを上手に利用した座席案内は、シカゴ・カブスを手本とした。

良いことを学ぶだけでなく、悪いことを繰り返さないという点においても、ベンチマーキングの発想は必要である。良い部分を模倣して成功に至る確率よりも、悪い部分を繰り返して失敗する確率のほうが、はるかに高いはずである。だからこそ、我々は戦略を策定する上で、過去の失敗事例やネガティブな取り組みを押さえておかなければならない。

ウォルト・ディズニーは、ディズニーランドを開園するにあたり世界のテーマパークを見て回った。そのとき彼が留意したのは、他のテーマパークの良い部分を取り入れるのではなく、悪い部分に注目し、それをディズニーランドに持ち込まないためであったと言われている。他のテーマパーク内で出会った酔っ払いや目にしたゴミは、非日常という夢の空間を生み出す上でネガティブであり、ディズニーランドでは絶対に避けたいと感じたに違いない。

## †経験価値を提供するための工夫

横浜DeNAベイスターズが取り組んできた具体的な施策について、経験価値、生涯価値、ブランドの3つの視点で見てみよう。まずは経験価値発想である。多くの野球ファンは、野球観戦のためだけに球場へ来ているわけではない。プラスアルファの楽しみを提供することで、池田氏はターゲットであるアクティブサラリーマンの心を摑めると考えた。そこで、若い社員を交えてアイデアを出し合った。

ターゲットの心をとらえることに成功し、最も定着している施策は花火や光による演出である。試合後に照明を落とし、花火を打ち上げるとともにカラフルなサーチライトで照らすことにより、試合だけではなく観戦後の楽しみを生み出した。球場の外には特設のビアガーデンを開設し、大型ビジョンを設置することにより、球場内の試合の様子を見ながらビールを楽しんでもらう。

大がかりな施策だけではなく、細部にも手を加えた。それまで単なる作業服に過ぎなかったスタッフの服装は、海をテーマにした服装に変更した。外周のカラーを青に統一し、内野コンコースもテーマ性を意識して改修した。トイレにはシャワー機能を完備するなど、快適性にもこだわった。スコアボードは試合進行に合わせた演出可能なものへと改修した。

もちろん観客席の工夫も怠らない。3〜5人ほどでちょっとした宴会気分が味わえる「BOXシート」、選手のプレイを地上レベルで見ることのできる「エキサイティングシート」、自宅のリビングにいるかのように寝転んで観戦できる「リビングBOXシート」、球場の最上段に設けられた「スカイバーカウンター」、ゆったりとした空間で最大10名が観戦できる「プレミアムテラス」など、さまざまなコンセプトを持った座席を用意した。野球観戦を中核としながらも、経験価値を消費してもらうための工夫を施したのである。生まれ変わった横浜スタジアムにとっての競争相手は、平日であれば居酒屋やカラオケ店、休日であればテーマパークであると池田氏は考えている。

### †生涯価値発想とブランド発想

次は、生涯価値（LTV：life time value）発想である。池田氏はコストを計算するうえで、常に生涯価値という視点を基盤としている。横浜スタジアムの場合、ひとたび顧客になると年間4回ほどは来場し、その一部は熱烈なファンになる。もちろん1人当たりの顧客獲得コスト（CPA：cost per acquisition）も把握しておく必要がある。これらの変数の方程式が解けると、顧客獲得に向けて許される投資額が明らかになる。８０００名程度であった熱烈なファン層は、今日では１万６０００人程度にまで増えている。この顧客層は状況によってあまり左右されないので、各種コスト計算でベースとなっている。

最後はブランド発想である。今日のマーケティングにとって、ブランド構築は最も重要な視点の一つとなっている。池田氏は、「横浜ＤｅＮＡベイスターズ」を人々のマインド内に直接的に刷り込むのではなく、「横浜」に寄り添うという姿勢を取り入れた。つまり、ベイスターズを売り込むのではなく、横浜との連想で売り込もうというのである。ベイスターズのシンボルである「☆」をラブと発音させるアイデアも採用し、選手たちにも「I☆YOKOHAMA」と語らせる。国際的な港町である横浜との連想を強化することで、「横浜ＤｅＮＡベイスターズ」に対する好感度のアップに成功した。

「マーケティングは、１日あれば学べる」。これはコトラー教授の言葉である。マーケティングとはビジネスそのものであるため、ビジネス経験をある程度有する者であれば、マーケティングの基本部分は短時間で理解できるというメッセージである。だが同時に彼は、「マーケティングを使いこなすには、一生かかる」とも述べている。マーケティングを理解することと、実際のビジネスでマーケティングを適切に使うこととでは大きな隔たりがあるというのだ。

　クラブツーリズムや横浜ＤｅＮＡベイスターズのようにマーケティング戦略を適切に推し進め、組織としての成果へと結びつけるためには、経営陣だけが戦略の本質を理解するだけでは不十分である。組織の総てのメンバーが、マーケティングに強くなり、戦略を適切に遂行していかなければならない。

第6章

# デザイン要素とマーケティング

## †フェイルセーフの考え方

鉄道に詳しい友人から、「フェイルセーフ」という考え方について教えてもらったことがある。これは、万一、列車の機能の一部が故障した際、より安全な方へ転じるように設計しておくという考え方である。近年、工学分野を中心に関心を集めている考え方であるが、こうした思想が列車の設計では150年以上も前から根づいている。

鉄道業界では当たり前すぎて、関係者は特に意識することもないというのだが、マーケティングにおいてデザインを考える我々にとって、フェイルセーフは多くの気づきを与えてくれる。以下、3つの興味深い事例を示してみよう。

まず、ブレーキ管である。列車の各車両は連結器で結ばれているが、もう一つ、ブレーキ管（専門用語では、「ジャンパ管」）でも結ばれている。連結器の破損や連結作業のミスなどにより、仮に車両と車両が分離されてしまった場合、ブレーキ管では車両を引くことは無理なので、ブレーキ管は切断される。ブレーキ管内の空気圧が弱まると各車両にブレーキがかかり、空気圧が強まるとブレーキが緩む構造となっているため、ブレーキ管が切断されれば管内の空気圧はゼロとなり、自動的に全車両にブレーキがかかる仕組みとなっている。もちろん、空気圧が強まるとブレーキがかかるという逆の構造も可能だが、そうなってはいない。つまり、ブレーキ管の仕組みを安全性と結びつけて設計することにより、トラブルが生じた場合に、より重大事故を引き起こさないためのデザイン上の工夫が組み込まれているのだ。

人々にとって身近な装置である踏切にも、フェイルセーフの考え方が取り入れられている。一般的な踏切は、遮断機が遮断桿《しゃだんかん》と呼ばれるバーを上下させる仕組みになっている。もし遮断機が何らかの原因により故障した場合、あるいは停電が発生した場合、どうなってしまうだろう。このような場合、遮断桿は自重により自動的に下りるような設計になっている。もしトラブルにより遮断機が動作しなくなった時、踏切は開きっぱなしの状態がいいのか、閉まりっぱなしの状態がいいのか。遮断機にトラブルがあっても列車は停止するとは限らないため、より重大な事故を回避させるという点では、閉まりっぱなしに軍配が上がるだろう。

最後は腕木式信号機である。かつて、この信号機は鉄道で一般的に用いられていた。信号所の作業員が手元のワイヤーを引っ張り、信号機に取り付けられた重りを持ち上げると青に切り替わり、ワイヤーを緩めて重りが下がると赤に切り替わるという構造になっている。何らかの理由により、ワイヤーが切れてしまう可能性もある。もしワイヤーが切れてしまった場合、自重により信号機が自動的に青ではなく赤を表示する仕組みになっている。ここにも、デザイン上の工夫が組み込まれているのだ。

## 1　デザインの範囲

デザインという言葉を聞いて、多くの人々は見た目やスタイルを連想するだろう。デザインとスタイルとを同一視している人もいるかも知れない。ヴァンクリーフ&アーペルの宝飾品、クリストフルのカトラリー、フランクミュラーの腕時計などは、製品が有する独特な「審美性」、つまり見た目やスタイルの美しさによって一部の顧客からの強い支持を得ていることは確かである。

しかし、そうした審美性はマーケターがデザインで検討すべき一つの側面でしかない。鉄道の例で取り上げた「安全性」などは、ある製品のデザインを進める上で真っ先に念頭に置かなければならない視点である。宝飾品やカトラリーの使用において重大事故に結びつくことはまずないだろうが、それでも安全性という点をまったく無視してデザインすることはない。

iPhoneをはじめとするアップル製品の優れた審美性はよく知られているが、実は「操作性」においてもアップル製品は卓越している。きわめて簡略化された使用説明書しかなく、ユーザーにとって初めて手にするモデルであっても、製品を手に取りながら購入者は容易に操作できる。使いこなせるまでの時間もそれほど必要としない。もちろん、取り扱いに困った場合には、ウェブサイトで詳しい解説を確認したり、サポートを受けたりすることもできる。操作性の高さを念頭に置きながら、アップルは自社の各製品をデザインしているのである。

### †審美的属性、機能的属性、人間工学的属性

以上からわかるように、マーケティングに携わる私たちがデザインという用語を用いる場合、少なくとも複数の要素が含まれていることになる。もちろんデザインの捉え方は一様ではなく、論者により少しずつ異なっている。そうしたなか、Moon, Park, and Kim（2015）は、製品デザインを消費者の観点から「審美的属性」「機能的属性」「人間工学的

属性」の3つで捉え、それぞれの測定尺度を開発し、デザインと購買意図との結びつきについて分析を試みている。

消費者が製品に接するとき、まず外観に目を向けやすいことが知られている。製品の外観は審美的属性に結びついている。私たちが人に接する場合、外見による第一印象が重要であるとよく指摘される。営業パーソンの身だしなみが問われるのは、そうした背景があるためだ。デザインで論じられる審美的属性の中には、スタイル、形状、調和、色、ユニークさ、模様などの下位項目が含まれている。優れた審美的属性は人々を魅了し、購買へと駆り立てる働きがあるため、マーケティング成果をもたらす上で重要な要因の一つとなっている。製品の審美性と市場シェアの間には、プラスの相関関係が存在すると主張する人も少なくない。

製品の技術的長所、パフォーマンス、有用性などを包括した意味として位置づけられているのが、デザインにおける機能的属性である。機能的属性は我々が製品を使用する際に、満たしてくれるであろう期待便益に結びついている。ある製品が新しい機能を備えている場合、人々は当該製品がデザイン面においても革新性を備えていると知覚する傾向にある。もちろん、その逆も考えられる。革新的なデザインを備えた製品であれば、人々は当該製品には新しい機能が備わっていると知覚しやすい。つまり、人々は製品における機能とデザインを結びつけて捉える傾向にあり、デザインに関して我々が論じる際、機能面を無視して検討できないことの根拠となっている。

製品の使い勝手の良さや安全性といった視点は、製品デザインの評価において、人間工学的属性として把握される傾向にある。安全性はもちろんであるが、ユーザーフレンドリーという言葉で説明されることの多い使いやすさは、今日の製品評価において無視できなくなっている。素晴らしい外観を備えていたとしても、さらに優れた機能を備えていたとしても、使い勝手が悪かったり、安全面で劣っていたりすれば、製品のデザイン評価としては高くはない。製品デザインの主たる目的は、人々の安全性と快適性を考慮した製品を開発することだ、と主張する研究者もいる。

## †コトラー教授のデザイン概念

コトラー教授も著書『コトラーのマーケティング・コンセプト』の中で、デザインが製品の外観という域を超えた概念であると述べている（Kotler 2003）。そして、デザイン面で優れているためには、以下の6つの基準を満たしていることの必要性を訴えている。そ

れは、

①パッケージの開閉が容易
②組み立てが簡単
③使い方がすぐにわかる
④使いやすい
⑤修理しやすい
⑥処分しやすい

である。コトラー教授は修理や処分といった、製品を一定期間使用した段階や使用後のことまでデザインで考慮すべきであると述べており、デザイン概念を非常に広く捉えていることがわかる。さらに一歩進めて、製品開発においては機能的価値や情緒的価値とともに社会的価値をも盛り込むべきであるとするマーケティング3.0の段階では、デザイン面での配慮が製品の優劣を左右する決定的な鍵となる（Kotler 2010）。成功する新製品を導入する上で、デザインはきわめて重要な要素となっている。

持続的競争優位の源泉の一つとして製品デザインを捉えることもできる（Black and Baker 1987）。実際、際立つデザインを備えている製品は市場で高い成果を収めている。すでに述べてきたように、スタイル面での素晴らしさだけではなく、安全性や操作性に優れた製品が人々の支持を得ないわけがない。例えば、人間工学に基づいてデザインされているハーマンミラー社のアーロンチェアやエンボディチェア、空気清浄機と扇風機の機能を備えたダイソンの羽根のない扇風機などを思い浮かべて欲しい。逆に、市場導入された新製品が失敗に至る要因の一つに、製品デザインにおける革新の欠如があると指摘する分析結果もある（Moon, Miller and Kim 2013）。

### †デザインをビジネスの中核に

これまで、競争優位の源泉と言えば、コストリーダーシップ、差別化、集中、ブランドなどが挙げられてきた。そのため、製品におけるデザインという変数の存在は知られていても、差別化やブランドの下位変数として扱われており、前面に打ち出されることはなかった。

ところが、コモディティ化が進んだことにより、差別化やブランドに対する期待が急速に高まっていった。実際、今世紀に入ってから業績を伸ばしている企業の多くは、差別化に知恵を絞り、ブランド・マネジメントの高度化を進めている。

そうしたなか、デザインは差別化にもブランドにも直接的に結びついている変数であり、下位変数として扱うのではなく切り離して前面に押し出し、ビジネスの中核に据え競争優位の新たな源泉として認識しようとする動きがある。

アップルは2015年、ジョナサン・アイブをCDO（Chief Design Officer）に任命し、デザインの位置づけを製品レベルから経営レベルへと引き上げ、デザインを個別製品課題ではなく経営課題として位置づけた。CDOを任命している企業として、アップルの他にもグーグル、ユニクロ、ナイキなどが知られている。

早稲田大学では2014年より大学のWebサイト（約80カ所）のリニューアルに乗り出した。伝統的な文字中心のデザインを見直し、ビジュアルを重視し、グローバル化を目指している早稲田大学のブランド・イメージ構築に結び付けたいと考えたからである。リニューアルされたホームページは各方面から高い評価を得ており、2015年度グッドデザイン賞（GOOD DESIGN AWARD）を受賞した。

グッドデザイン賞では、「デザインを終わりのない継続的な創造的思考活動」と捉えており、単に有形物だけを対象とするのではなく、暮らしや産業、社会を豊かにするデザインを顕彰している。そのため、Ｗｅｂサイトのような無形物も対象となる。早稲田大学のＷｅｂサイトは、ビジュアルや情報設計などのプラットフォームが優れているとともに、恒常的にニュースを発信する体制作りなどが受賞理由となっている。デザインの守備範囲の広さは、歴史あるグッドデザイン賞などにおいても見て取ることができる。

## 2　デザイン要素

デザインを審美的属性、機能的属性、人間工学的属性という3つの視点で整理したMoon, Park, and Kim（2015）の考え方も、6つの基準で評価しようとするコトラー教授の主張も、それぞれ納得感があり否定はできない。しかし、私たちを取り巻く環境が複雑化し、製品自体も高度化している今日において、製品デザインを検討する上で要素を掘り下げておくことは大きな意義を有するはずである。そこで、２０１３年の科学研究費補助金を得て、若手研究者とともに「新製品開発における市場志向とデザイン志向に関する国際比較研究」に取り組んだ。

まず、我々は自動車産業に注目した。２０１１年から２０１３年にかけて世界カー・オブ・ザ・イヤーのファイナリストにノミネートされた企業に注目し、２０１３年から２０１５年に各社のデザイン責任者に対してヒアリングを実施した。国内では、トヨタ、日産、マツダ、富士重工業で、海外では、メルセデス・ベンツ、ＢＭＷ、フォルクスワーゲン、プジョー・シトロエン、ＧＭ、フォードなどである。

ヒアリングでは、「直近の10年間において、デザイン開発で大きく変化した点について」「自動車開発に携わる部門やチームの担う役割について」「自動車のデザインを検討する上で重視する点について」尋ねた。自動車産業を取り上げたのは、産業としての経済規模が大きいだけではない。自動車という製品は日常生活に深く浸透しており、しかも複雑な側面を有している。そのため、さまざまなデザイン要素で人々に評価されると考えたからである。

## †製品デザインの8要素

自動車メーカーへのインタビューを通じて、我々は８つの製品デザイン要素の存在を明らかにした（岩下、大平、石田、外川、恩藏 2015）。審美性、継続性、先進性、操作性のように、すでに過去の研究で議論されている製品デザイン要素もあったが、安全性、快楽性、機能性、独自性のように新たに確認された要素もある（図表17）。

| | |
|---|---|
| 審美性 | 視覚に基づいた要素 |
| 継続性 | 時代を超えて組織内で受け継がれている要素 |
| 先進性 | 時代の先端に位置していることを訴える要素 |
| 安全性 | 人々の安全を実現する要素 |
| 快楽性 | 心地よさをもたらす要素 |
| 機能性 | 製品本来の役割を実現する要素 |
| 操作性 | 操作しやすさに結びついた要素 |
| 独自性 | 他社には見られない要素 |

図表17　8つのデザイン要素

### †審美性

第一の要素は「審美性」である。視覚から感じる美しさを示すもので、外観や内装のみならず、エンジンルームやトランクの内部といった普段目に触れることの少ない部分までもが含まれる。メルセデス・ベンツ、アドバンスト・デザインセンターのステファン・コール氏によると、ここ15年でデザインの持つ意味が大きく変化してきており、「最近、製品に自らを投影する人が多くなってきたため、完璧な製品、美しい製品を求める声が増えている」という。

本田技研工業の軽自動車のように、黄金比を加味する企業もある。同社のホームページによると、N－WGNの車体を側面からみたときのロワーボディと全高の比率をミロのビーナスのへそ上とへそ下の比率である1：1・6とし、顧客が意識しなくても美しいと感じる構造を採用している。デザイン開発における官能的な美しさは、ますます重要性を高めている。

### †継続性

第二の要素は「継続性」である。特定の企業やブランドには、時代を超えて受け継がれているデザイン上の要素がある。

メルセデス・ベンツでは受け継がれるもの（heritage）という美意識によって、旧モデルから受け継がれるプロポーションの統一感を大切にしており、スポーツカーからセダンにいたるすべての車種でフロントプレートやボンネットなどが時代を超えて共通の輪郭になっている。

BMWのキドニー・グリルも、一目みただけで同社の自動車とわかる特徴である。19

33年のジュネーブモーターショーで採用されて以来、BMWデザインの最もシンボリックな特徴となっている。

この継続性は、我々が目にする自動車のエクステリアやインテリアだけには留まらない。普段目にすることのない箇所で実現されている場合もある。例えば、スバルの水平対向エンジンだ。水平対向エンジンは性能としては理想的であるが、直列エンジンに比べると部品数が多く、製造コストがかさむ。他社が撤退するなか、スバルでは守るべき技術として、水平対向エンジンを今日まで開発し続けている。

## †先進性

第三の要素は「先進性」である。時代の先端をいく技術やスタイルをいかにデザインに取り入れるかが課題となる。メルセデス・ベンツでは、新しいデザインが先進的な技術を表すアイコンになるように心掛けている。ヘッドランプといったエクステリア、コックピットといったインテリア、さらにラジエーターといった外からはみえない細部にまで、先進的な技術がデザインの一部として検討されている。メルセデス・ベンツ、アドバンスト・デザインセンターのステファン・コール氏による「消費者は現代に生きているが、我々が作り上げている車は未来にいる」という発言からも、トレンド・セッターとして先進性を追求する同社の開発思想を理解することができる。

また、フォルクスワーゲンのミュラー・ピエトラーラ氏は、「常に5～15年先を見据えた自動車開発を行なっている」と述べている。同社では企業将来予測（corporate foresight）という部門を設け、未来技術、市場動向、高齢化、そして気候変動などのさまざまな情報を研究開発部門に伝え、先進的なデザインの実現を支援している。

### †安全性

第四の要素は「安全性」である。自動車のデザイン開発においては、ドライバーだけではなく歩行者の安全も考慮しなければならない。

ボルボの創業者であるアッサル・ガブリエルソンならびにグスタフ・ラーソンは、「自動車は人によって運転され、使用される。したがって、ボルボの設計の基本は、常に安全でなければならない（Volvo 2013）」と述べている。ボルボでは、安全性を前面に打ち出したデザイン開発を行っており、ボルボV40が２０１２年にユーロＮＣＡＰの衝突テストで過去最高得点を獲得するなど、安全性の優れた自動車を世に送り出している。ボルボの安全機能は、もちろん歩行者に対しても高水準である。ボルボV40に採用された「歩行者用エアバッグ」では、車体が物体との接触を感知すると、エアバッグが2000分の1秒という速さで充填され、歩行者を守るためフロントガラスが覆われるようになっている。

フォルクスワーゲンでは、「同時エンジニアリング（simultaneous engineering）」という設計手法を10年ほど前から導入している。この手法では、製品開発の初期段階から安全性を念頭に置きながらデザインをする。歩行者保護基準をはじめ、さまざまな安全基準を満たせるように、デザインを迅速かつ緻密に変更する。同社クリスチャン・フレーリッヒ氏は、「デザイナーと設計者はデザイン要求と安全性の技術的要求の相違から、1ミリ単位の変更をめぐり激論を交わす」と語っていた。

**快楽性**

第五の要素は「快楽性」であり、自動車に乗車している時に体感する心地よい感覚である。そのため、視覚から得られる審美性とは異なる要素として把握する必要がある。「快楽性」要素の事例としてはレクサスがあげられる。国内でレクサス・ブランドを導入する際、「レクサス・マスツ」という500項目にのぼる厳しい感性品質基準を設けた。

形状に関係する基準のみならず、車内インテリアのコンソールボックスの開閉スピード、ドアの開閉音、エンジン音、照明の使い方、ディーラーでの香りに至るまで、あらゆる細部にまで定められた基準である。

例えば、パワーウィンドウの動作スピードは、動き始めがゆっくりで、真ん中で速くなり、閉まる時に再びゆっくりとなるように設計されている。これは小笠原流の格調高い襖の開け閉めの作法からヒントを得ている。メルセデス・ベンツでは重要なデザイン言語として「官能的純粋さ（sensual purity）」を有している。装飾が多すぎることなくシンプルでありながら、「フロントライトやハンドル、インテリアパーツなど、すべての物があなたの心や魂に触れ、感覚を刺激する（コール氏）」ことを目標としている。フォルクスワーゲンもドライビング・プレジャーを欠かせない要素として位置づけ、新車開発のプロセスに「Feel Performance Index」という走りの楽しさの評価項目を設けている。

### †機能性

第六の要素は「機能性」であり、自動車であれば燃費効率や空力特性といった効率性や効果性と結びついた製品デザイン要素である。

富士重工業では、ファンクショナルやプラクティカルといった顧客にとって重要な機能性をデザイン開発でも重視している。グローバルマーケティング本部副本部長の臺卓治氏は、「スバルのデザインは機能の重要性を認識した上で、新車設計のコンセプトを考える」と述べている。例えばフロントガラスのデザインでは、ドライバーの視界の良さと外観上の車体バランスを考えて決める。マツダではアテンザ開発の際、クレイモデルを制作して風洞に持込み、ボディ表面の空気の流れを確認しながら何度も表面を削り、世界最高水準の空気抵抗係数を実現している（マツダ 2013）。

## †操作性

第七の要素は「操作性」である。人間工学や心理学を駆使することで、ドライバーの操作性を高めようとするデザイン要素である。

マツダのアクセラハイブリッドは、アクセルを踏む強さまでを追求し優れた操作性を実現した自動車である。開発を担当した商品本部の猿渡健一郎主査によると、「アクセルを踏む直前、ドライバーは首への負荷に備えるため、耳の後ろから首にかけての筋肉を緊張させる。そしてアクセルを踏み込んでから0.3秒程経つと、この緊張を解く」という。しかも、0.3秒後にしっかりと負荷を感じられると、その後心地よく運転できることがわかった。

他にも、センター・コンソール中央に回転式スイッチが搭載されており、手元を見なくてもエアコンなどを調整できる。スマートフォンと連携して、音楽を聴いたりSNSの投稿を読み上げたりする機能がついている。

日産自動車デイズのデザイン開発でも操作性が重視されている。ターゲット層である主婦が感じる操作性を向上させるため、彼女たちが苦手な縦列駐車をしやすいように、車両周りを頭上から把握できるアラウンドモニターを採用した。

### †独自性

第八の要素は「独自性」であり、他社にはみられないデザイン面での個性を意味している。

「走る歓び」の実現により独自性を目指したクルマづくりを行っているマツダの梶山浩氏は、「走る歓びを表す表現としてシグネチャーウイング（signature wing）が挙げられる」と述べている。シグネチャーウイングとは、鳥が羽ばたく際の翼のようなラインを示し、自動車のフロントグリルからヘッドランプにおよぶエリアのデザインにみられる。また、フォルムにおいて美しくしなやかな動きのつながりを意味する「SHINARI」というテーマを掲げ、同社のデザインの独自性を示している（マツダ 2013）。

ダイハツのコペンのように、外観や内装の着せ替えというコンセプトを掲げることで、独自性を発揮している自動車もある。車両の外板などを脱着できる構造となっており、エクステリアにおいては全13枚のうち11枚の樹脂外板を、インテリアにおいてはオーディオクラスターやインパネガーニッシュを変更できる。同じ骨格であっても、市場ごとに異なる樹脂外板を用いた自動車を作ることで、柔軟な市場対応が可能になる。

### †要素間の協調関係と独立関係

国内外の自動車産業のデザイン担当者へのインタビューならびに公表資料に基づいて、私たちの研究チームでは右で述べた8つの製品デザイン要素を明らかにした。当初の研究では取り上げていないが、その後の研究により、私たちは9つ目の要素として、環境性能や省資源などと結びついた「社会性」を加えるべきであると考えている（Iwashita, Ohira, Ishida, Togawa, and Onzo 2015）。

これらのデザイン要素には、協調関係にあるものもあれば、対立関係にあるものもある。

例えば、継続性と独自性の間には協調関係がみられる。BMWのキドニー・グリルは、継続性を有するとともに同社デザインのシンボリックな特徴であり独自性をも有している。

一方、安全性と審美性には対立関係がみられる。富士重工業のフォレスターにおけるデザイン開発が好例であり、リアクオーターガラスの開発において、ガラス部分の占める割合が小さくなると審美性は高まるが、ドライバーの視界が狭くなってしまい安全性は低下する。しかしながら、ガラス部分の占める割合が大きくなると安全性は向上するが、審美性は低下してしまう。デザイン要素間の関係について、我々はさらに掘り下げて考察していく必要がある。

## 3 デザイン発想で生まれたAir

ヒット製品を生み出すことは容易ではない。顧客ニーズを理解していたとしても、新製品の特性やコンセプトがしっかりと顧客に伝わらなければヒットには至らない。製品としての優越性だけではなく、何らかのプラスアルファが求められる。日本経済新聞社「日経

ＭＪヒット塾」で西川産業の高機能寝具Air（エアー）の話を伺い、個人の閃《ひらめ》きがデザイン発想と結びつき、大きな成功に結びついたと知った。

きっかけは、西川八一行社長がジョギングをしていて、前の走者の靴底を見たときである。近年のジョギングシューズには、靴底に鮮やかな赤や青が施されている。靴を履いている人には、使用時にそうした色使いを見ることはできない。では、何のために色使いがなされているのだろうか。購入時に自社製品が高機能であることを消費者に伝えるためであり、言葉による説明や触覚だけでは伝えにくい製品特性について、色を用いたデザイン特性で視覚的に訴えている。

Airは3～4層からなる特殊立体構造で表面が凹凸になっているため、寝ているときの体圧を分散でき、圧迫による血行障害を緩和してくれる。そうした特性を言葉だけで説明し、納得してもらうのは容易ではない。だが、西川社長は寝具においても、素材によって赤や青に色分けすれば機能性を伝えやすく、消費者に受け入れてもらえるはずだと考えた。独自のデザインを備えた製品を目にするだけで、消費者は質の高い眠りをもたらしてくれるという納得感を抱くだろうと考えたのである。

## †ターゲット層に製品特性を理解してもらう

もちろん、周囲の反対がなかったわけではない。伝統的な寝具に慣れ親しんできた社員たちの反応は、ほぼ例外なく厳しかった。色が奇抜すぎて消費者に受け入れられないと考えたからである。この時、西川社長は若年層、しかも男性にターゲットを絞るべきだと考えた。顧客が高齢化していた西川産業にとって、情報がほとんど届いておらず、最も苦戦を強いられている層である。西川社長は、「万人に受け入れられる必要はない」という信念を持っていた。マーケティングの出発点ともいえる、セグメンテーションとターゲティングの発想である。

広告ではトップアスリートを起用した。プレミアムモデルで最初に注目したのは、認知度の高いプロサッカー選手である。三浦知良やネイマールらにAirで得られる眠りの質を語らせることにより、ブランド・イメージを作り上げていった。その後、田中将大（野球）、木村沙織（女子バレーボール）、吉田沙保里（女子レスリング）らを起用することで、スポーツの幅を広げるとともに、ターゲットを女性にまで拡大した。

高機能寝具に対するニーズの存在を裏付けるデータもあった。西川産業が2011年に実施した調査で「今の睡眠に不満がありますか」と尋ねたところ、「非常に不満」と「少し不満」と答えた人は6割を超える。2013年度の内閣府の調査でも、「健康の維持増進で実際に心掛けていることがら」として、「十分な睡眠や休養」が5割を超えて第1位。快眠をもたらしてくれる寝具に対する潜在ニーズは確かに存在していた。

ヒット製品が生まれるためにはニーズの存在が不可欠であるが、ターゲット層に製品特性を理解してもらえなければヒットには至らない。Airの場合、従来の寝具業界の常識では考えられないデザインで特性を訴えることに成功したのである。

## †デザイン発想で組織文化を改革

Airの導入は、ヒット製品を生み出したばかりではなく、西川産業の組織文化をも一変させた。組織文化の変革が容易ではないことはよく知られている。それが歴史のある企業ともなればなおさらである。西川産業は2016年に創業450年を迎える超長寿企業である。1566年、初代西川仁右衛門が近江国蒲生郡で生活必需品の行商をはじめたのが起源で、近江八幡町に店を設けたのが1587年。その後、徳川幕府が開かれたことで1615年に日本橋に支店を出し、蚊帳と畳表などの商いで礎を築いた。

50歳以上の読者であれば、蚊帳を使った懐かしい経験をお持ちだと思う。萌黄に染色され、紅布で縁どりされた「近江蚊帳」は西川の代表的製品の一つで、二代甚五郎による考案といわれている。江戸時代には弓の販売に乗り出し、京都で生産される弓を一手に扱い、関東での独占販売を実現している。

今日の主力となっている寝具は明治20年ごろにスタートしており、それまで家で作るものであったふとんを商品化したもので、当時は画期的であったに違いない。蚊帳は季節製品であり、また産地が増えて近江の独占品ではなくなり売上が低迷しつつあった。一方、ふとんは年間品であり売上安定に貢献した。

西川は「三ツ割銀制度」と呼ばれるボーナス制度を採用したことでも知られている。1789年以降、年2回の決算を終えると純益の3分の1を従業員に分配し、従業員のモチベーションアップに役立てた。

歴史あるこの「西川」は、「羽毛ふとんの会社」「老舗」「高価格ではあるが高品質」として、シニア層に対して確固たるブランド・イメージを有している。ところが、若年層における知名度は低く、明確なイメージが抱かれることはない。西川社長が考えたのは、古い組織文化を打破するためにも、ブランディング戦略の必要性である。

西川社長は娘婿として銀行から移籍してきた、いわば外様的な存在であった。西川を支えてきた譜代の従業員はそう簡単に納得しない。トップからの指示であるにもかかわらず、当初、組織はほとんど動かなかった。むしろ、われわれの業界とわが社のことを新社長はわかっていないとして、冷ややかな目で見ていた。

伝統的な寝具を全く無視したAirの開発に当たり、社内のほぼ全員が反対意見を述べていた。「ふとんの色として相応しくない」「ウレタンに色を付けるのは技術的に難しい」「寝具の掟（寝具は空間に溶け込むべき）に反する」「見えない部分に色を付けても意味がない」「色が奇抜で買う人がいない」「コスト高になる」などである。営業の現場は既存顧客の声を代弁するが、未来の顧客の声を伝えてくれることはない。

マーケティングでは、一般的に顧客ニーズを3つに識別して捉える。顧客が言葉で説明できる「明言されるニーズ」、顧客の言葉そのものでなくても、顧客調査で分析したり推測したりできる「真のニーズ」、顧客が言葉として発言できないし、思いついてもいない「学習されるニーズ」である。学習されるニーズは、新しい製品やサービスが市場に登場することによって、顧客は初めて気づき、「自分に向いている」「自分も欲しい」と学んでいくといった性質のものである。

西川社長は、現在の顧客の声ばかりを尊重していてはビジネスのチャンスはつかめないし、万人に受け入れられる必要はないとの姿勢を崩さなかった。使用時には見えなくても、購入時に見えることは意味があるとの主張も曲げなかった。結局、Airは大成功し、社員の意識は一変した。一人の閃きがデザイン発想と結びつき、ヒット製品を生み出し、さらには組織文化の改革をも達成したのである。

## 4 デザインのベネフィット

安全性の高さで知られていたボルボは、自動車を安全性と結びつけることでユニークなポジションを確立してきた。しかしながら、他社ブランドとの差別化において、安全性というベネフィットの有効性はほとんど失われている。近年ではどのメーカーも、安全性の高い自動車を提供しているからだ。

従来までのマーケティングであれば、競合他社よりも優れた理性面でのベネフィットを訴えればよく、そのベネフィットによって差別化できた。実際、自動車であれば、安全性

$$\text{顧客価値}=\frac{\text{ベネフィット（理性面、感性面）}}{\text{コスト（金銭面、時間面、肉体面、精神面）}}$$

**図表18　顧客価値の捉え方**

の他に操作性、機能性などによる差別化が功を奏してきた。

ところが今日、どの企業の製品を取り上げてみても、安全性ではもちろん機能性や操作性においても違いは乏しくなっている。我々は、こうした動きをコモディティ化と呼んでいる（恩蔵 2007）。

コモディティ化は飲料や日用雑貨などの非耐久財のみならず、自動車や家庭電気製品などの耐久財の分野でも明確となっている。さらには、サービスや流通においても浸透している。私たちが日常的に利用しているコーヒーショップ、宅配便、ネットショップ、ビジネスホテル、コンビニエンスストアなどでは各社が同質化戦略を展開し、基本的な部分での違いは小さくなっている。コモディティ化への対応は、マーケティングにおける大きな課題となっているが、我々はデザインがもたらすベネフィットという視点で打開策を検討することができる。

人々はベネフィットを理性と感性で判断する傾向にある。機能性や安全性でのベネフィットが顧客の理性つまり頭に訴えるものであるとすれば、感覚や感情でのベネフィットは顧客の感性つまり心に訴えるものといえる。

ベネフィットという概念は、マーケティングにおいて顧客価値を説明するときに持ち出されることが多い。一般に、製品やサービスの顧客価値は、ベネフィットをコストで除して捉えられる（図表18）。割り算を用いているのは、分子であるベネフィットを大きくしたり、分母であるコストを小さくしたりすれば顧客価値が増加することを意味している。

しかし、分子が小さくなっても分母がもっと小さくなり、分母が大きくなっても分子がもっと大きくなれば顧客価値は増加する。ひたすらベネフィットを高めたり、コストを削減したりするだけが顧客価値を高めるわけではないことがわかる。形が不ぞろいであったり、賞味期限が短かったりするなど、訳あり製品が支持されているのは、何らかのベネフィット面が劣っていても、それを補うだけのコスト面での優位性があるからだ。

## ✝ベネフィットの二面性

ベネフィットが理性面だけを意味し、コストが金銭面だけを意味するならば話は単純である。「良いものを安く」といった発想で事足りるからである。コストにおいては、金銭面に加えて少なくとも時間面、肉体面、精神面などを加味する必要がある。忙しい人と時間をあまり気にする必要のない人では、「1時間をかけて離れた店舗に出向き、数百円を節約する」ことの意味は異なるはずである。同様のことは、体力に自信のある人とそうでない人にも言えるだろう。

ベネフィットにおいては、理性面だけではなく感性面の存在が無視できない。そうでなければ精度が高くて低価格なクオーツ式腕時計が開発された段階で、誤差の大きな機械式時計の価値は相対的に低下し、市場から駆逐されていたはずである。

ところが市場ではパテックフィリップ、オーディマピゲ、ブレゲなど、むしろ機械式時計に熱い眼差しが注がれている。注目されている機械式時計には、ブランドが有する審美性はもちろん、継続性や独自性などデザインによってもたらされる感性面でのベネフィットが備わっている。毎朝、仕事に行く前に腕時計のぜんまいを巻くという操作に価値を見出している人もいるが、ひと手間かかったとしても、ぜんまいを巻くときに感じられるわずかな音や感触がたまらないという。

機械式時計の中でもブレゲは燦然とした輝きを放っている。18世紀の後半から、ギヨシェと呼ばれる装飾を文字盤に用いるようになり、ブレゲの時計を他社の時計と見分ける上での重要な要素の一つとして受け継がれている。文字盤上に刻まれた精緻でエレガントな模様は、時計の内部に収められたムーブメントの精巧さを連想させてくれる。

ギヨシェにはさまざまなモチーフが用いられており、鋲打ちのような模様のクル・ド・パリ、石畳のようなパヴェ・ド・パリ、太陽光線のようなソレイユ、波模様のヴァーグ、市松模様のダミエなどがある。

これらの装飾モチーフは、ブレゲの独自性を際立たせているだけではなく、文字盤を見やすくするという機能面での効果もある。今でもこの装飾作業の取り組みには、100年以上も前に設計製造されたギヨシェ彫り機が不可欠だという（Breguet・スイスの腕時計2016）。ブレゲのようにデザインの視点を製品開発に取り入れることにより、理性面とともに感性面でのベネフィットをいかに生み出していくかは、今日のコモディティ化市場における重要な鍵といえる。

### †感性面でのベネフィットの効用

顧客価値の構造をデザインとともに検討することにより、我々はどのような考察ができるのだろうか。顧客満足の枠組みによると、あるパフォーマンスが期待水準に達しているか否かによって満足や不満足は生まれる。とすれば、パフォーマンスはベネフィットの高さや内容によってもたらされるので、コストと期待水準を一定としたならば、ベネフィットによって顧客の満足状態は規定されることになる。

理性面でのベネフィットが一定水準を超えていることは、ある製品が市販可能となる上での必要条件である。一定水準の安全性、機能性、操作性などが満たされていなければ、顧客は安心や信頼を感じない。もし、そうしたベネフィットが期待以下であったならば、単なる不満にとどまらず、もっと強い感情状態である「怒り」を覚えるかもしれない。

一方、感性面でのベネフィットは、製品の市販可能性において必ずしも必要条件とはいえず、むしろ付加的なベネフィットであることが多い。そのため、仮に感性面でのベネフィットが期待以下であったとしても、消費者は弱いレベルの感情状態である「不満」を覚える程度にとどまる。ところが、感性面でのベネフィットが期待以上であったならば、満足より強い感情状態である「喜び」へと結びつくはずである。

右で述べたような理性面でのベネフィットと感性面でのベネフィットの期待充足状況から導かれる感情状態の違いは、Higgins（1997）の制御焦点理論（Regulatory focus theory）によって説明できる。一般に人々は不快状態を回避し快状態に接近しようとするが、不快回避と快接近とでは異なる目標を設定するため、その後の感情や行動に差が生じるというのだ。不快回避では防衛を目標（プリベンション・ゴール）とし、目標を達成することで安心や信頼といった感情状態がもたらされるが、快接近では好ましい状態を目標（プロモーション・ゴール）とし、目標を達成することで興奮や楽しさといった感情状態がもたらされる。つまり、プリベンション・ゴールに結びついている理性面でのベネフィットは人々に「安心」や「信頼」をもたらし、プロモーション・ゴールに結びついている感性面でのベネフィットは人々に「興奮」「楽しさ」「喜び」をもたらすのである。

Chitturi, Raghunathan, and Mahajan（2008）は、理性面でのベネフィットと感性面でのベネフィットから導かれる感情状態の違いを明確化するために、２４０名の学生に対して2種類のシナリオを用いた実験を行った。被験者は、携帯電話に対する期待、製品属性、使用経験などについて記されたシナリオを読んだ後、安心や驚きなど感情状態を測定する14項目、興奮や苛立ちなどの覚醒水準を測定する4項目、クチコミと再購買意図という消費後行動を測定する2項目について評価した。

感性面でのベネフィットとしては、フリップタイプのデザイン、着信音のプログラム、本体の色の変更可能性を取り上げ、理性面でのベネフィットとしては、ネットワークカバレッジ、バッテリーの容量、音声の鮮明さを取り上げた。

分析結果によると、理性面でのベネフィットにおいて期待に応えられないと「不満」だ

| | 優れた感性的ベネフィット | 優れた理性的ベネフィット | t値 |
|---|---|---|---|
| 安心 | 3.80 | 5.70 | 5.32** |
| 信頼 | 3.47 | 5.47 | 5.22** |
| 興奮 | 6.07 | 3.70 | 6.84** |
| 楽しさ | 5.47 | 4.20 | 3.38** |

| | 期待以上の感性的ベネフィット | 期待以上の理性的ベネフィット | t値 |
|---|---|---|---|
| 喜び | 5.87 | 4.47 | 3.82** |

| | 期待以下の感性的ベネフィット | 期待以下の理性的ベネフィット | t値 |
|---|---|---|---|
| 不満 | 6.20 | 5.27 | 2.62* |
| 怒り | 3.70 | 5.73 | 5.07** |

有意水準　** 1％水準、* 5％水準

**図表19**　ベネフィットの充足による違い（7点尺度の平均値）

けではなく「怒り」が生じるが、一定水準を超えると「安心や信頼」が生じる。理性面でのベネフィットの充足は、競争へ参加する上での最低条件といえる。一方、感性面でのベネフィットにおいて期待に答えられないと「不満」が生じるが、期待を超えると「興奮や楽しさ」だけではなく「喜び」をもたらす（図表19）。

また、進化心理学理論によれば、覚醒水準が高いと行動傾向も強くなる（Frijda 1987）。理性面でのベネフィットが期待を上回る場合と比較して感性面でのベネフィットが期待を上回ると、人々の覚醒水準は引き上げられ、ポジティブなクチコミや再購買へと結びつきやすくなる。実際、Chitturi, Raghunathan, and Mahajan（2008）の実験によると、喜びを得た人々はクチコミを発信しやすくなり、強い再購買意図を抱くようになっている。ところが、感性面でのベネフィットが期待を下回る場合と比較して理性面でのベネフィットが期待を下回ると、人々はネガティブなクチコミや不買運動のような行動をとりやすくなる。

自社ブランドに有効な感性面でのベネフィットを生み出し、顧客にそれを実感させるという発想は、理性面でのベネフィットに磨きをかけることに劣らず重要である。コモディティ化した市場に挑戦する上で感性面でのベネフィットは無視できないが、デザインはそうしたベネフィットの実現において有力な切り口の一つとなっていることがわかる。

# むすびにかえて

新書の執筆について筑摩書房から初めて声をかけていただいたのは、おそらく2000年に入ったばかりの頃である。学会での発表や研究論文とは異なり、マーケティングに対する自身の考えや視点をできる限り分かりやすく論述し、多くの人々に読んでもらえるという新書の執筆には大きな意義がある。

ところが、いざ執筆に取り掛かろうとした時、学内の役職が忙しくなり、どうしても優先順位を落とさざるを得なくなってしまった。日々の会議や書類の作成や処理などに忙殺され、じっくりと考え、原稿としてまとめる時間を捻出できなくなってしまったのだ。2〜3年を経るうちに当初の意欲は薄れ、申し訳ないという気持ちもあり、私から出版社への連絡は次第に遠のいていった。恐らく先方も諦めてくれているものと思っていた。

当時、私の担当をしてくれていたのは永田士郎氏であったが、２０１４年に縁あって再び永田氏と出会った。彼は一編集者から編集長に昇進していたが、企画途中で話が流れていた私のことをしっかりと覚えていてくれた。そして、前回の企画での頓挫に懲りることなく、新書の執筆を再び強く後押ししてくれた。

私の忙しさは依然として続いており、むしろ以前より多忙になっていたかもしれない。しかし、永田氏の熱意、そして以前、私から企画を流してしまったことへの罪悪感もあって、今回は忙しさという理由で逃げることなく、真剣に取り組もうという覚悟を決めた。最初の企画段階から数えると、本書の上梓に至るまで優に15年は経過しており、結果的に思い出に残る一冊になったと感じている。

＊　＊　＊

もし新書を執筆するならこれにしよう、というテーマについてのアイデアはいくつかあった。例えば、組織における階層の違いによるマーケティング課題についての整理である。私自身、若い時からマーケティング研究に取り組んできたが、年を取るとともに研究テーマが変わり、実務家とお付き合いするときの相手も変わってきた。20代から30代にかけては、セールス・プロモーションや店頭管理など現場の課題に取り組み、最前線で働く実務家が議論をする上での主たる相手だった。30代後半から40代になると、ブランド・マネジメントや製品開発などの研究課題に移り、マネジャー層との接点が多くなった。そして50代になると、社会的責任や組織文化など全社的な課題に関心が移り、今日では経営層との意見交換が増えている。

私自身のこうした経験を踏まえ、組織の階層とマーケティングについての整理ができたならば、多くの実務家に価値を見出してもらえるだろうと考えていた。もちろん、取り組んでみたいテーマはこれだけではない。私はこれまでに製品開発やブランド論についての研究を重ねてきているが、それにデザインという視点を加えることにより新たな検討が可能であると考えている。

デザインについては本書の中でも一つの章を割いて論じているが、より包括的に整理すべきであると思っている。製品ライフサイクル、市場参入順位、ブランド資産など、それぞれすでに議論し尽くされているような枠組みや理論であっても、デザインという視点を取り入れることにより、これまで見えていなかった課題が浮かび上がり、新しい論理や構図を提示できるはずである。仮の話ではあるが、もっと時間的な余裕があれば、パッケージに関する課題やインバウンドに関する課題など、一冊の書籍としてまとめてみたいテーマは少なくない。

＊　　＊　　＊

執筆したいと考えているアイデアやテーマが幾つかある中で、なぜ「マーケティングに強くなる」に絞り込んだのかというと、私自身が近年感じている冒頭で述べた強い危機感によるものである。日本企業には少しでもマーケティング力を引き上げ、かつてのようにグローバル市場を舞台として輝きを放ってほしいと願っている。

私は研究者であるとともに教育者でもあるので、若者を育成するという教育面で微力ながら貢献することができる。だが、一冊の新書でマーケティング書としてまとめれば、より幅広くさまざまな人々の手に取ってもらえる可能性がある。大学における教育とは異なるルートで、我が国の産業界が再び輝きを放つことに何らかの貢献ができるのではないかと考えたからである。

もちろん、ビジネス活動全体からみるとマーケティングは一つの側面にすぎず、組織構造の課題や生産の課題など、他にも軽視することのできない諸側面がある。だが大切なのは、現在の状況を正しく把握し、マーケティング面での危機感を持ち、新しいマーケティング発想について学び、優れたマーケティングの事例を理解することである。組織の競争力を高めるためには、組織のマーケティング力を引き上げようとする意識の共有がまず必要であって、本書はそうしたキッカケになれるのではないかと考えている。

＊　＊　＊

本書の執筆にあたっては、多くの人々のご理解とご協力を得た。本書には新たに書き下ろされた部分と、筆者が過去に執筆した著作からの転用が含まれている。そうした著作の中には、共著によるものもある。それぞれの箇所で出典を明記させていただいているが、部分的な引用を認めていただいた共同研究者には、この場を借りてお礼申し上げる。また本書の中で取り上げさせていただいた企業はもちろん、ヒアリングなどでご協力いただいた多くの実務家にも感謝申し上げたい。

最後となったが、私に本書の執筆の機会を与えてくれ、常に励まし続けてくれた筑摩書房第二編集室長の永田士郎氏に心よりお礼を申し上げたい。永田氏がいなければ、そして2年前に再び出会わなければ、本書は間違いなく生まれていなかった。

本書の執筆に当たり、資料の収集や整理において支援してくれた早稲田大学助教の大平進氏、高千穂大学助教の永井竜之介氏、早稲田大学大学院博士課程の磯田友里子氏、同修士課程の権純鎬氏と嶋拓実氏にお礼申し上げたい。また、共同研究者であり、私の大学院ゼミで学んだ東京国際大学商学部准教授の平木いくみ氏、成蹊大学経済学部准教授の石井裕明氏、千葉商科大学商経学部准教授の外川拓氏、九州大学経済学研究院専任講師の岩下仁氏、帝京大学経済学部助教の石田大典氏、九州大学経済学研究院助教の寺﨑新一郎氏には、本書の執筆にあたり、様々な刺激を与えて頂いた。彼らとの研究に関する議論は、本書の随所で活かされており、本書の魅力を高めてくれている。

# 参考文献

## 第1章

Aaker, David A. (1991), *Managing Brand Equity: capitalizing on the value of a brand name,* Free Press (陶山計介、中田善啓、尾崎久仁博、小林哲訳『ブランド・エクイティ戦略』ダイヤモンド社、1994年).

Chesbrough, Henry (2006), *Open Business Models: How to Thrive in the New Innovation Landscape,* Harvard Business School Press (諏訪暁彦、栗原潔訳『オープンビジネスモデル―知財競争時代のイノベーション』翔泳社、2007年).

Florida, Richard (2002), *The Rise of the Creative Class: And How It's Transforming Work, Leisure, Community and Everyday Life,* Basic Books (井口典夫訳『クリエイティブ資本論――新たな経済階級の台頭』ダイヤモンド社、2008年).

Holt, Douglas B. (2004), *How Brands Become Icons: The Principles of Cultural Branding,* Harvard Business School Press (斉藤裕一訳『ブランドが神話になる日』ランダムハウス講談社、2005年).

Huston, Larry and Nabil Skkab (2006), "Connect and Develop: Inside Procter & Gamble's New Model for Innovation," *Harvard Business Review,* March, 58-67 (鈴木泰雄訳「P & G ――コネクト・アンド・デベロップ戦略」『ダイヤモンド・ハーバード・ビジネス・レビュー』31 (8)、ダイヤモンド社、44〜56ページ、2006年).

Keller, Kevin Lane (1998), *Strategic Brand Management: building, measuring, and managing brand equity,* Prentice-Hall (恩藏直人、亀井昭宏訳『戦略的ブランド・マネジメント』東急エージェンシー、2000年).

Keller, Kevin Lane (2003), *Strategic Brand Management: building, measuring, and managing brand equity,* 2nd Edition, Prentice-Hall (恩藏直人研究室訳『ケラーの戦略的ブランディング』東急エージ

ェンシー，2003年）.
Keller, Kevin Lane（2008）, *Strategic Brand Management: building, measuring, and managing brand equity*, 3rd Edition, Prentice-Hall（恩藏直人監訳『戦略的ブランド・マネジメント（第3版）』東急エージェンシー、2010年）.
Keller, Kevin Lane（2013）, *Strategic Brand Management: building, measuring, and managing brand equity*, 4th Edition, Prentice-Hall（恩藏直人監訳『エッセンシャル戦略的ブランド・マネジメント』（第4版）』東急エージェンシー，2015年）.
Kotler, Philip（2013）, *My life with Marketing*（田中陽、土方奈美訳『マーケティングと共に』日本経済新聞出版社、2014年）.
Kotler, Philip（1980）, *Marketing Management: analysis, planing, and control*, 4th Edition, Prentice-Hall.
Kotler, Philip（1967）, *Marketing Management: analysis, planing, and control*, Prentice-Hall（伊波和雄、竹内一樹、中村元一、野々口格三共訳『マーケティング・マネジメント（上）』鹿島出版会、1971年；稲川和男、竹内一樹、中村元一、野々口格三共訳『マーケティング・マネジメント（下）』鹿島出版会、1972年）.
Kotler, Philip, Hermawan Kartajaya, and Iwan Setiawan（2010）, *Marketing 3.0: From Products to Customers to the Human Spirit*, John Wiley & Sons（恩藏直人監訳、藤井清美訳『コトラーのマーケティング3.0』朝日新聞出版、2010年）.
Kotler, Philip and Kevin Lane Keller（2006）, *Marketing Management*, 12th Edition, Pearson Education（恩藏直人監修、月谷真紀訳『コトラー&ケラーのマーケティング・マネジメント（第12版）』、ピアソン・エデュケーション（2008年））.
Leuthesser, Lance（1988）, "Defining, Measuring, and Managing Brand Equity," MSI Working Paper Series, 88-104.
恩藏直人（1995）『競争優位のブランド戦略』日本経済新聞社.
Porter, Michael E.（1980）, *Competitive Strategy: techniques for analyzing industries and competitors*, Free Press（土岐坤、中辻萬治、服部照夫訳『競争の戦略』ダイヤモンド社、1982年）.
嶋口充輝（1984）『戦略的マーケティングの論理』（誠文堂新光社）.

### 第2章

藤原匡（2012）「客と悩み、客と作る」『日経ビジネス』7月2日号、73〜75ページ.

石井裕明、恩藏直人（2010）「価値視点のパッケージ・デザイン戦略」『マーケティングジャーナル』、30（2）、日本マーケティング協会、31〜43ページ.

Levitt, Theodore (1960), "Marketing Myopia." *Harvard Business Review,* July-August, 45-46.

前川製作所（2015a）『前川製作所会社案内』株式会社前川製作所.

前川製作所（2015b）『前川製作所90周年技術史』株式会社前川製作所.

永井竜之介，恩藏直人（2013）「共創するイノベーション」『マーケティングジャーナル』、35（4）、日本マーケティング学会、138〜148ページ.

恩藏直人（1995）『競争優位のブランド戦略』日本経済新聞.

大平進、寺﨑新一郎、恩藏直人（2015）「医療現場に革新をもたらす価値共創戦略」『マーケティングジャーナル』、35（2）、日本マーケティング学会、89〜104ページ.

Porter, Michael E. (1980), *Competitive Strategy: techniques for analyzing industries and competitors,* Free Press（土岐坤、中辻萬治、服部照夫訳『競争の戦略』ダイヤモンド社、1982年）.

### 第3章

Ende, Jan van den and Nachoem Wijnberg (2003), "The Organization of Innovation and Market Dynamics: Managing Increasing Returns in Software Firms," *IEEE Transactions on Engineering Management,* 50 (3), 374-382.

Im, Subin and John P. Workman (2004), "Market Orientation, Creativity, and New Product Performance in High-Technology Firms," *Journal of Marketing,* 68 (2), 114-132.

Jassawalla, Avan R. and Hemant C. Sashittal (1998), "An Examination of Collaboration in High-Technology New Product Development Processes," *Journal of Product Innovation Management,* 15 (3), 237-254.

岩下仁、石田大典、恩藏直人（2014）「市場志向が商品開発優位性に及ぼすメカニズム——ナレッジマネジメント・アクティビティの効果」『流通研究』日本商業学会、16（4）、13-33.
Narver, John and Stanley Slater (1990), "The Effect of a Market Orientation on Business Profitability," *Journal of Marketing*, 54 (4), 20-35.
恩藏直人（2008）「製品開発における市場志向」『ビジネスインパクト』18号、ソフトバンククリエイティブ、10-13.
恩藏直人（2010）「新製品開発チームにおけるクロス・ファンクショナルな統合」『商品開発・管理研究』商品開発・管理学会、7（1）、13-19.
恩藏直人、石田大典（2011）「顧客志向が製品開発チームとパフォーマンスへ及ぼす影響」『流通研究』日本商業学会、13（1・2）、19-32.
恩藏直人（2012）「実例から学ぶマーケティング概論（第5回）スバル・インプレッサ　設計者はあの奥さんの顔を思い出して線を引け」『PRESIDENT Online』.

**第4章**

Johnson, Mark W. (2010), *Seizing the White Space: Business Model Innovation for Growth and Renewal*, Harvard Business School Press（池村千秋訳『ホワイトスペース戦略』阪急コミュニケーションズ、2011年）.
恩藏直人（2004）『マーケティング』日本経済新聞社.
恩藏直人（2005）「日立製作所『HDRIVE』ビジネス」『マーケティングジャーナル』、25（1）、日本マーケティング協会、95～106ページ.
恩藏直人（1994）「キリンビールの医薬事業とアグリバイオ事業」『DIAMONDハーバード・ビジネス・レビュー』ダイヤモンド社、19（2）、108～118ページ.
日本マーケティング協会（2014）「ネスカフェアンバサダーによるオフィス市場の開拓」『第6回日本マーケティング大賞』3～4ページ.
Slywotzky, Adrian J. and David J. Morrison (1997), *The Profit Zone*, Times Books（恩藏直人、石塚浩訳『プロフィット・ゾーン経営戦略』ダイヤモンド社、1999年）.
Kotler, Philip and Fernando Trias de Bes, *Lateral Marketing* : *New*

*Techniques for Finding Breakthrough Ideas,* John Wiley & Sons（恩藏直人監訳、大川修二訳『コトラーのマーケティング思考法』東洋経済新報社、2004年）.
日経情報ストラテジー（2014）「ネスレ日本の“発明”」『日経情報ストラテジー』23（10）、日経 BP 社、26～28ページ.

### 第5章

Grove, Andrew S.（1996）, *Only the Paranoid Survive: How to Exploit the Crisis Points that Challenge Every Company and Career,* Doubleday.
池田純（2016）『空気のつくり方』幻冬舎.
大平進、恩藏直人（2013）「こころの豊かさを届けるツーリズム・ビジネス」『マーケティングジャーナル』、日本マーケティング学会、33（2）、125～138ページ.
恩藏直人（1995）「営業体制のダイヤモンド」、石井淳蔵・嶋口充輝編（1995）『営業の本質』有斐閣、第4章.
Rumelt, Richard P.（2011）, *Good Strategy, Bad Strategy: The Difference and Why It Matters,* Random House（村井章子訳『良い戦略、悪い戦略』日本経済新聞出版社、2012年）.
隅修三（2009）「いまを生きる」『早稲田学報』1175号、早稲田大学校友会、3～8ページ.

### 第6章

Black, Caroline D. and Michael J. Baker（1987）, “Success through Design,” *Design Studies,* 8（4）, 207-216.
Breguet・スイスの腕時計（2016）、www.breguet.com/jp、2016年9月19日.
Chitturi, Ravindra, Rajagopal Raghunathan, and Vijay Mahajan（2008）, “Delight by Design: The Role of Hedonic Versus Utilitarian Benefits,” *Journal of Marketing,* 72（3）, 48-63.
Frijda, Nico H.（1987）, “Emotion, Cognitive Structure, and Action Tendency,” *Cognition and Emotion,* 1（2）, 115-143.
Higgins. E. Tory（1997）, “Beyond Pleasure and Pain: How Motivation Works,” *American Psychologist,* 52（12）, 1280-1300.

岩下仁、大平進、石田大典、外川拓、恩藏直人（2015）「製品デザイン要素の解明――自動車産業に対する定性調査による考察」『マーケティングジャーナル』日本マーケティング学会、34（3）、99～116ページ.

Hitoshi Iwashita, Susumu Ohira, Daisuke Ishida, Taku Togawa, and Naoto Onzo (2015), "Key Product Design Elements for Successful Product Development：An Exploratory Study of the Automotive Industory," *American Marketing Assosiation 2015 Summer Educators, Conference, Proceeding*s.

Kotler, Philip, Hermawan Kartajaya, and Iwan Setiawan (2010), *Marketing 3.0: From Products to Customers to the Human Sprit,* John Wiley & Sons（恩藏直人監訳、藤井清美訳『コトラーのマーケティング3.0』朝日新聞出版、2010年）.

Kotler, Philip (2003), *Marketing Insights from A to Z: 80 Concepts Every Manager Needs to Know,* John Wiley & Sons（恩藏直人監訳、大川修二訳『コトラーのマーケティング・コンセプト』東洋経済新報社、2003年）.

マツダ（2013）『THE STORY OF MY ATENZA』マツダ株式会社.

Moon, Hakil, Jeongdoo Park, and Sangkyun Kim (2015), "The Importance of an Innovative Product Design on Customer Behavior: Development and Validation of a Scale," *Journal of Product Innovation Management,* 32 (2), 224-232（寺﨑新一郎、岩下仁抄訳「消費者行動におけるイノベーティブな製品デザインの重要性――尺度の開発および妥当性の検証」『流通情報』流通経済研究所、46（5）、73-81ページ、2015年）.

Moon, Hakil, Douglas R. Miller, and Sung Hyun Kim (2013), "Product Design Innovation and Customer Value: Cross-cultural Research in the United States and Korea," *Journal of Product Innovation Management,* 30 (1), 31-43（永井竜之介、岩下仁抄訳「デザイン・イノベーションが顧客価値に与える影響――米韓の国際比較を通じて」『流通情報』流通経済研究所、46（3）、74-83ページ、2014年）.

恩藏直人（2007）『コモディティ化市場のマーケティング論理』有斐閣.

Volvo (2013), *VOLVO SAFETY BOOK,* Volvo Car Japan.

# 参考文献

第1章


Aaker, David A. (1991) *Managing Brand Equity: Capitalizing on the Value of a Brand Name*, Free Press ([illegible]『ブランド・エクイティ戦略』[illegible], 1994年)

Chesbrough, Henry (2006) *Open Business Models: How to Thrive in the New Innovation Landscape*, Harvard Business School Press ([illegible]『オープンビジネスモデル』[illegible], 2007年)

Florida, Richard (2002) *The Rise of the Creative Class: And How It's Transforming Work, Leisure, Community and Everyday Life*, Basic Books ([illegible]『クリエイティブ資本論』[illegible], 2008年)

Holt, Douglas B. (2004) *How Brands Become Icons: The Principles of Cultural Branding*, Harvard Business School Press ([illegible]『ブランドが神話になる日』[illegible], 2005年)

Huston, Larry and Nabil Sakkab (2006) "Connect and Develop: Inside Procter & Gamble's New Model for Innovation," *Harvard Business Review*, March ([illegible]『ダイヤモンド・ハーバード・ビジネス・レビュー』2006年8月号)

Keller, Kevin Lane (1998) *Strategic Brand Management: Building, Measuring, and Managing Brand Equity*, Prentice Hall ([illegible]『戦略的ブランド・マネジメント』[illegible], 2000年)

Keller, Kevin Lane (2008) *Strategic Brand Management: Building, Measuring, and Managing Brand Equity*, 3rd Edition, Prentice-Hall ([illegible]

ちくま新書
1232

マーケティングに強《つよ》くなる

二〇一七年一月一〇日　第一刷発行

著者　恩蔵直人（おんぞう・なおと）
発行者　山野浩一
発行所　株式会社　筑摩書房
東京都台東区蔵前二-五-三　郵便番号一一一-八七五五
振替〇〇一六〇-八-四一二三
装幀者　間村俊一
印刷・製本　三松堂印刷　株式会社

乱丁・落丁本の場合は、左記宛にご送付ください。
送料小社負担でお取り替えいたします。
ご注文・お問い合わせも左記へお願いいたします。
〒三三一-八五〇七　さいたま市北区櫛引町二-六〇四
筑摩書房サービスセンター　電話〇四八-六五一-〇〇五三

ISBN978-4-480-06935-1 C0234